Die Autorin

Miki Krefting wurde 1953 in
München geboren. Sie studierte
Pädagogik und Psychologie. Seit
1981 befasst sie sich mit verschiede-
nen Bereichen der Esoterik, haupt-
sächlich jedoch mit Tarot. Neben
ihrer Tätigkeit als Autorin hält sie
Vorträge und Tarot-Seminare und ist auch als Yogalehrerin
tätig. Sie ist verheiratet und hat einen Sohn.

Weitere Veröffentlichungen bei AGMüller Urania:
Der Golden Rider Tarot (1992) – Überarbeitete Auflage 2006
Adrian Tarot (1996).

Miki Krefting

CROWLEY TAROT
Für Einsteiger

KÖNIGSFURT–URANIA

Hinweis
Die Informationen in diesem Buch sind nicht dazu gedacht, einen
Arzt oder Therapeuten zu ersetzen. Eine Haftung des Autors bzw.
des Verlags für Personen-, Sach- und Vermögensschäden ist aus-
geschlossen.

Erfolgsausgabe
nach der 6., überarbeiteten Auflage
Krummwisch bei Kiel 2013

© 2013 by Königsfurt-Urania Verlag GmbH
D-24796 Krummwisch
www.koenigsfurt-urania.com
www.tarot-online.com

Das Buch ist nur im Set mit den Karten erhältlich.

Die Verwendung der Kartenabbildung des Thoth Tarot Deck mit
freundlicher Genehmigung von Ordo Templi Orientis, New York.

Umschlaggestaltung: Jessica Quistorff, Hamburg
Satz und Gestaltung: Hermann Betken, Oldenbüttel
Druck Karten: Carta Mundi, Belgien
Druck Buch: finidr, s.r.o.
Produkt Manager: Silvie Bachmann

ISBN 978-3-86826-542-2 (Set mit Buch und Karten)

Inhalt

Einleitung

Sie haben den Weg zum Crowley-Tarot gefunden. Jetzt geht es darum, dass Sie sich den Zugang zu den verborgenen Bedeutungen dieser Karten verschaffen. Um Ihnen das Verständnis zu erleichtern, habe ich jedes Einzelne der 78 Kartenmotive so beschrieben, dass seine mannigfaltige Symbolik allgemein verständlich wird. Ich habe mich dabei um Erläuterungen bemüht, die für das tägliche Leben aussagekräftig sind. Unser Alltag besteht aus Höhen und Tiefen, aus Gewohnheit und Routine und auch aus einer ganzen Menge »Kleinkram«, der uns stets sehr beschäftigt hält. Dadurch werden in uns die unterschiedlichsten Stimmungen ausgelöst. Diese Gefühle bleiben oft unklar. Denn weil wir so in unser tägliches Leben eingebunden sind, nehmen wir ihren wahren Grund oft gar nicht mehr wahr. Unbewusste Ängste, Abwehrhaltungen, Selbsteinschränkungen und starre Prinzipien verzehren eine Menge Energie.

Dabei könnten wir diese Energie besser und zielgerichteter einsetzen, wenn wir so leben würden, wie wir es im Innersten fühlen. Auf dem Weg zu diesem verborgenen Teil unserer selbst ist der Tarot ein hilfreicher Begleiter.

Es ist oft nicht leicht, die Beziehung zu anderen Menschen – dem Partner, den Kindern, Eltern, Freunden, Bekannten, Kollegen und anderen gegenüber – befriedigend zu gestalten. Wie oft ist die Kommunikation doch nichtssagend und langweilig, ohne dass wir es uns selbst offen eingestehen. Wo es an Offenheit und Ehrlichkeit mangelt, da kann die Distanz zum Mitmenschen auch nicht überwunden werden. Die Ursache dafür liegt meist nicht in mangelndem guten Willen. Es ist vielmehr unsere Unsicherheit den eigenen Gefühlen, Phantasien und Träumen gegenüber, die uns dabei blockiert. Es gehört Mut, Kraft und Geduld dazu, sich den Spiegel vorzuhalten und ins eigene Innere zu sehen, aber auch die Fähigkeit, unserem Inneren verstehend zu begegnen. Diese Fähigkeit wächst in dem Maße, wie wir es lernen, uns so zu akzeptieren, wie wir wirklich sind. Und um herauszufinden, wie wir im Innersten wirklich fühlen, denken und werten, können die Bilder und Symbole des Tarot entscheidende Fingerzeige geben.

Gerne setze ich Tarot in Begegnungen mit Freunden oder Bekannten ein, um spielerisch gemeinsam auf eine offenere und lebendigere Ebene zu gelangen. Es sollte dabei allen Beteiligten selbst überlassen bleiben, etwas zu einem bestimmten Thema zu sagen oder sich zurückzuhalten. Anfängliche Beklemmungen weichen sehr bald, und häufig haben wir viel Spaß dabei, den Weg der Phantasien und inneren Wahrheiten zu erforschen.

Auch für Sie können sich diese Karten in allen erdenklichen Situationen und Lebenslagen als anregend und hilfreich erweisen. Dazu brauchen Sie nur die Bereitschaft, es zuzulassen, dass die im Tarot enthaltenen Aussagen Ihre Wirkung entfalten.

Ihre Miki Krefting

Über die Tarotkarten
und den Crowley-Tarot

Herkunft und Geschichte

Schon immer streben die Menschen danach, mehr über sich selbst, über die Geheimnisse des Lebens und über die eigene Zukunft zu erfahren. Seit Jahrhunderten dienen die Tarotkarten dazu, in diesem Bestreben Hilfestellungen zu geben. Ursprünglich war Tarot ein geistreiches und unterhaltsames Spiel, das im 15. Jahrhundert die Gesellschaft an den prachtvollen und kultivierten Fürstenhöfen Italiens erfreute.

Spielerische Beschäftigung mit den Karten wuchs zu ernsthafter Reflexion, und irgendwann war es so weit, dass Tarot zum »Weisheitsbuch der Menschheit« wurde. Es gibt viele Formen und Varianten des Tarot, doch alle beruhen auf denselben symbolischen Grundlagen.

Die Schöpfer der besonderen Karten, die in diesem Buch im Mittelpunkt stehen, sind Aleister Crowley (1875–1947) und Lady Frieda Harris (1877–1962).

Aleister Crowley war ein großer Kenner der alten Einweihungswege. Er verband die Tarot-Motive mit der Welt der Magie, der Alchemie, der Astrologie, der Kabbala und der Mythen der Völker, vor allem der alten Ägypter. So steuerte er den Reichtum an esoterischem Wissen bei, den dieser Tarot aufweist. Crowley war eine schillernde, hochbegabte Persönlichkeit, und offensichtlich spiegeln die Karten etwas von seinem facettenreichen Wesen wider. Wie auch sein gesamtes Lebenswerk wirken sie faszinierend in ihrer Gedankentiefe. Ihre Vielschichtigkeit forderte zu immer neuen Erklärungen heraus, doch im Grunde bleibt ihr Weisheitsschatz unerschöpflich.

Lady Frieda Harris war die Frau von Sir Percy Harris, eines Fraktionsführers der Liberalen Partei im britischen Parlament. Sie zählte zum engeren Kreis von Crowleys Schülern, der ihm nach einer rast- und ruhelosen Existenz einen würdigen Lebensabend ermöglichte. Crowley erkannte alsbald die Möglichkeit, mit Hilfe der begabten Malerin endlich einen lange gehegten Plan zu verwirklichen. Es war ihm daran gelegen, der uralten Weisheit des Tarot in einer Form Ausdruck zu verleihen, die dem modernen Menschen gemäß sein würde. Fünf Jahre lang malte Lady Harris unter seiner Leitung in liebevoller Feinarbeit an 78 Gemälden, die zur Grundlage des heutigen Crowley-Decks wurden. Ihrer künstlerischen Intuition und Meisterschaft ist es zu verdanken, dass ein wahrhaftiges Jahrhundertwerk spiritueller Kunst entstand. Es wurde der Öffentlichkeit im Jahre 1944 in einer Ausstellung im Londoner West End vorgestellt. 1969 gab man es in Amerika erstmals als Kartenspiel heraus, und 1986 erschien bei AGMüller Urania die heutige Ausgabe des Decks, die dem künstlerischen Wert des Originals vollauf gerecht wird.

Das Kartendeck

Ein Tarotdeck besteht aus 78 Karten, die in zwei große Gruppen gegliedert sind:

22 Große Arkana (vom lateinischen Wort arcanum, das Geheimnis) oder Trumpfkarten, denen bei der Deutung besondere Aufmerksamkeit geschenkt werden muss.

56 Kleine Arkana, die sich wiederum in 4 Serien unterteilen lassen, ähnlich den Spielfarben gewöhnlicher Spielkarten:

Stäbe (Kreuz, Eichel)
Schwerter (Pik, Blatt)
Kelche (Herz)
Scheiben (Karo, Schelle)

Jede dieser vier Farbserien besteht aus 10 Zahlenkarten in fortlaufender Reihenfolge vom Ass (Eins) bis zur Zehn sowie 4 Hofkarten (Prinzessin, Prinz, Königin, Ritter).

Die Hofkarten können beim Kartenlegen für Personen stehen, die in den verschiedensten Lebensbereichen auftreten. Darüber hinaus können sie auch den Ratsuchenden selbst verkörpern. Es ist überdies möglich, sie als eine bestimmte Erfahrung zu deuten, die man gemacht hat oder machen wird.

Wichtig ist, dass jede der vier Farbserien spezielle Eigenschaften aufweist. Diese werden durch die Symbolik der vier Elemente und der Tierkreiszeichen ausgedrückt. Dabei entsprechen jeder Serie je ein Element und drei Tierkreiszeichen. Aufgrund dieser Zuordnungen ergibt sich die Verbindung jeder Kartenserie der Kleinen Arkana mit menschlichen Grundkräften bzw. bestimmten Lebensbereichen:

STÄBE

Element: Feuer

Tierkreiszeichen: Widder, Löwe, Schütze

Grundkräfte/Lebensbereiche: Der göttliche Schöpfungsfunke, die lebenspendende Sonne, Energie, Lebensfeuer, Willenskraft, Bewegung, Abenteuer, Eroberung, Erfolg, Sieg, Tatkraft, Kreativität, der magische Stab, männliche Sexualität.

SCHWERTER

Element: Luft

Tierkreiszeichen: Waage, Wassermann, Zwillinge

Grundkräfte/Lebensbereiche: Verstand, Geisteshaltung, Inspiration, Geisteskraft, Vernunft, Intellekt, Weisheit, Wissenschaft, Kommunikation, Schnelligkeit, Konzentration, Weitblick, Auseinandersetzung, Unterscheidungskraft.

KELCHE

Element: Wasser

Tierkreiszeichen: Krebs, Skorpion, Fische

Grundkräfte/Lebensbereiche: Gefühl, Einfühlungsvermögen, Gespür, Intuition, Unbewusstheit, Fantasie, Launen, Unbeständigkeit, Liebe, Glaube, Glück, weibliche Sexualität.

SCHEIBEN

Element: Erde

Tierkreiszeichen: Steinbock, Stier, Jungfrau

Grundkräfte/Lebensbereiche: Körper, Natur, Materie, Wohlstand, Besitz, Finanzen, Arbeit, Ausbildung, Berufung, praktische Veranlagung, Erdverbundenheit, Verwurzelung, Tradition, Stabilität, Wertschätzung, Vertrauen, Bodenständigkeit, Einfluss, Magie.

Kartenlegen
in der Praxis

Sich selbst und anderen die Karten legen

Wahrscheinlich werden Sie meistens sich selbst die Karten legen, um sich damit Ihre eigenen Fragen zu beantworten und sich über Ihre persönlichen Belange Klarheit zu verschaffen. Dies sollte in ruhiger, entspannter Atmosphäre geschehen. In müder, nervöser oder verzweifelter Verfassung sollten Sie vor dem Kartenlegen eine Entspannungs- und Atemübung machen, um danach in aller Gelassenheit die Antworten finden zu können.

Natürlich können Sie auch für andere Menschen die Karten legen. Dabei ist es wichtig, zu Anfang jede gelegte Karte mit dem Fragenden ausführlich zu besprechen, um die genaue Bedeutung der Karte auf ihrem speziellen Platz zu verstehen.

Im Falle, dass bei der Befragung Menschen eine Rolle

spielen, die nicht anwesend sind, sollte der Fragende mit Ihnen persönlich bekannt sein. Sonst könnte die Gefahr bestehen, dass er die Situation falsch einschätzt und ungewollt seine eigenen Wunschvorstellungen in die Karten verlegt.

Fragestellung und Auswahl der Legesysteme

Die Karten können in unterschiedlicher Weise und Absicht befragt werden. Dazu dienen verschiedene Verfahrensweisen, die im Folgenden vorgestellt werden. Sie werden Legesysteme, Legearten oder Legemethoden genannt, da die Art und Weise, wie die Karten ausgelegt werden, jeweils einer bestimmten Themenstellung gerecht werden soll. Die Bezeichnung »Spiel« ist nicht so zu verstehen, als werde dies alles nur zum Spaß gemacht. Sie lässt vielmehr anklingen, dass Intuition und spielerisches Einfühlungsvermögen wesentliche Voraussetzungen für eine befriedigende Erfahrung beim Kartenlegen sind. Sie können den Tarot befragen:

- nach dem momentanen Zustand: Astrologischer Kreis, Zauberspruch der Zigeuner;
- nach grundlegenden Tendenzen (z. B. in Beziehungsleben und Beruf, in einer aktuellen Angelegenheit): Keltisches Kreuz, Beziehungsspiel, Geben und Empfangen;
- als Orientierungs- oder Entscheidungshilfe: Entscheidungsspiel, Blockade.

Sie können natürlich auch einfach eine einzelne Karte ziehen, etwa zu einem speziellen Anlass oder zum Tages-, Wochen- oder Monatsthema. Dies ist vor allem Anfängern zu empfehlen, um die Bedeutung der Karten in der Alltagserfahrung kennenzulernen und sich mit ihnen vertraut zu machen.

Sie sollten sich schon ein wenig Zeit lassen, darüber nachzudenken, was Sie wissen wollen. Eine Frage, die nur mit »ja« oder »nein« beantwortet werden kann, sollte nicht gestellt werden, da es keine Ja/Nein-Karte gibt. Tarot kann Ihnen zwar bei der Entscheidungsfindung helfen, die Entscheidung selbst kann aber letztlich nur von Ihnen selbst getroffen werden!

Auch sollten nicht mehrere Themen miteinander verbunden werden, etwa in der Art der Frage: »Soll ich dieses und/oder jenes tun?« Stellen Sie die Frage nach dem Trendverlauf erst in Bezug auf das eine, dann in Bezug auf das andere Thema.

Die Karten sollten auch nicht über die ferne Zukunft befragt werden. Am genauesten sind Aussagen, die einen Zeitraum von etwa 3 Monaten vor und nach der Fragestellung betreffen, da die Bedeutung der Karten im aktuellen Geschehen am verständlichsten erfasst werden kann. Als Ausnahme gilt der Astrologische Kreis, der Hauptthemen und -tendenzen im Rahmen einer Jahresvorschau anzeigt.

Das Mischen und Legen der Karten

Es ist grundsätzlich nicht notwendig, beim Mischen feste Regeln einzuhalten. Wichtig ist, sich aktiv auf das gründliche Vermischen und anschließende Auslegen der Karten zu besinnen. Es mischt und zieht immer der Fragende. Auch sollten die Karten immer mit der linken Hand (intuitiv, vom Herzen kommend) gezogen werden. Dies gilt auch für Linkshänder und für den Fragenden ebenso wie für den Deutenden.

Mischen Sie das ganze Deck auf dem Tisch mit beiden Händen gut und ausführlich durch. Danach können Sie die Karten in Form eines Fächers ausbreiten, und zwar verdeckt (mit der bebilderten Seite nach unten). Ganz entspannt wird dann mit der linken Hand eine Karte nach der anderen gezogen (von Ihnen selbst oder vom Fragenden). Legen Sie diese Karten in der Reihenfolge, in der sie gezogen wurden, verdeckt auf ihre Plätze im ausgewählten Legesystem.

Nachdem alle notwendigen Karten gezogen sind, legen Sie die übrigen beiseite. Nun erst wenden Sie die gezogenen Karten um (von links nach rechts, damit sie sich nicht noch einmal drehen), und die Deutung kann beginnen.

Die Deutung

Lassen Sie die Karten auf sich wirken und achten Sie bewusst auf Ihren ersten Eindruck. Die Bilder sind ein Spiegel unseres Unbewussten. Sie eröffnen uns einen Zugang in die Tiefe unseres Selbst. Es gibt keine »guten« und keine »schlechten« Karten. Gerade schmerzhafte Erfahrungen sind oft der Weg zur Befreiung. Alles hat seine zwei Seiten! Ohne Unglück gäbe es kein Glück, ohne Trauer keine Freude, ohne Hölle kein Paradies usw. Jede Karte ist ein Spiegel dessen, was ist oder welche Tendenzen sich daraus ergeben. Sie ist auch eine Aufforderung, alles zu durchleben, um auch die andere Seite in uns selbst zu erfahren, unsere Stärken und Schwächen zu erkennen und auch dazu zu stehen oder aber bewusst etwas zu verändern, wenn wir wollen. Sie bedeutet eine Chance, zu uns selbst zu finden und dabei immer wieder den Ballast der Illusion abzuwerfen.

Ergründen Sie die besondere Aussage jeder einzelnen Karte auf dem jeweiligen Platz im Legesystem. Der beste Weg, den eigenen Zugang zu der Bedeutung der Bilder zu bekommen ist folgender:

- Beschreiben Sie genau, was Sie sehen (Gestalt, Kleidung, Gegenstände, Vorder- und Hintergrund).
- Spüren Sie in die Wirkung, die das Bild auf Sie hat. Welche Eindrücke, Gefühle, Empfindungen und Assoziationen steigen auf? Finden sie möglichst zutreffende Begriffe.
- Was bedeutet dies im Zusammenhang mit dem Platz, auf dem die Karte liegt und meiner Frage?

Als Hilfe dienen Ihnen auch die Beschreibungen der Bedeutungen aller Karten in diesem Buch. Auch wenn Sie eine spezielle Frage über Beziehung oder Beruf gestellt haben, sollten Sie immer die Abschnitte »Symbole« und »Allgemein« in jeder Beschreibung lesen, um die Aussage der betreffenden Karte besser zu verstehen.

Abschließend vertiefen Sie sich nochmals in die Gesamtschau aller ausgelegten Karten. Versuchen Sie, aus den einzelnen Teilen des Gesamtbildes eine zusammenhängende Aussage in Bezug auf Ihre Frage zu entwickeln.

Umgekehrte Karten

Mischen Sie das gesamte Kartendeck gut auf dem Tisch mit beiden Händen, um Ihre Mischung hineinzubringen und ziehen Sie die Karten laut Legesystem. Ich empfehle Ihnen sehr, die umgekehrten Karten (die vom Frager aus im aufgelegten System auf dem Kopf stehen) zu beachten. Obwohl es manchmal nicht ganz einfach ist, sie zu deuten, ergeben sie jedoch eine genauere Aussage. Als Hilfe können Sie die Beschreibung unter ... »aber auch« ... beachten. Die umgekehrten Karten stellen immer das Potential der aufrechten dar, nur finden Sie hier einen Hinweis, dass das Thema vielleicht nicht ganz bewusst ist oder unklar, nicht mehr akut übertrieben ist oder aber die Schattenseite überwiegt. Deuten Sie immer zuerst die aufrechte Karte, spüren und hören Sie genau in sich hinein und fragen sich dann nach der Bedeutung der Umkehrung.

Die verschiedenen Legesysteme

Das Keltische Kreuz

Dieses beliebte, aus älterer Zeit überlieferte Legespiel gibt einen differenzierten Einblick in die momentane Situation des Fragenden oder beantwortet Fragen zum vorherrschenden Trend in einem größeren Zusammenhang (Beruf, Beziehung, besonderes Ereignis usw.).

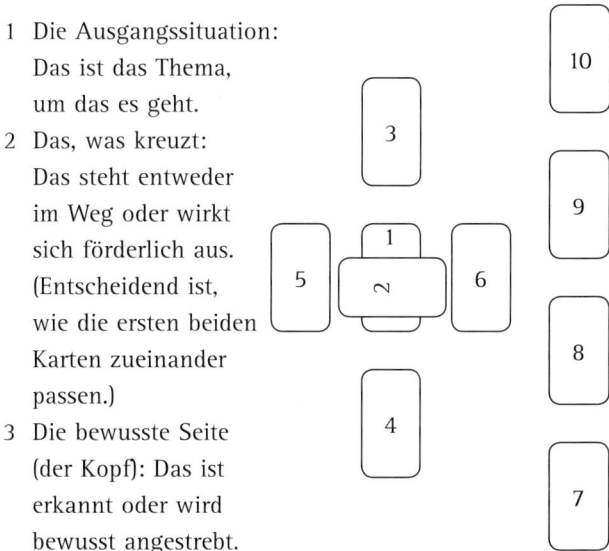

1 Die Ausgangssituation: Das ist das Thema, um das es geht.

2 Das, was kreuzt: Das steht entweder im Weg oder wirkt sich förderlich aus. (Entscheidend ist, wie die ersten beiden Karten zueinander passen.)

3 Die bewusste Seite (der Kopf): Das ist erkannt oder wird bewusst angestrebt.

4 Die unbewusste Seite (das Herz): Das wird gespürt, das Grundgefühl zu dem Thema.

5 Die Vergangenheit: Das liegt dahinter, das hat dazu geführt.

6 Die nahe Zukunft: Das wird als Nächstes geschehen, so geht es weiter.

7 Der Fragende selbst: Das ist seine Einstellung und sein Gefühl, so steht er zu dem Thema.

8 Die äußeren Einflüsse: Das kommt von außen hinzu (Personen, Ereignisse oder Orte des Geschehens).

9 Die Hoffnungen und Ängste: Das wird erwartet oder befürchtet.
Hier spiegelt sich die unbewusste Einstellung des Fragenden zum Thema wider.

10 Die fernere Zukunft: Das wird langfristig kommen, darauf läuft die Entwicklung hinaus.

Der Astrologische Kreis

Diese Legeart ist besonders geeignet, die Karten umfassend zur gegenwärtigen Situation in 12 wichtigen Lebensbereichen zu befragen. Auch als allgemeine Monats- oder Jahresvorschau in diesen Bereichen (besonders zum Geburtstag oder zu Neujahr) ist der Astrologische Kreis sehr empfehlenswert.
Die Karten werden gemischt und verdeckt aufgefächert. Der Fragende zieht mit der linken Hand 12 Karten, deckt sie im Kreis auf und deutet die Runde. Zu jeder Karte können noch zwei weitere hinzugelegt werden, um eine umfassendere Aussage zu erhalten. Dies sollte jedoch nur geschehen, wenn die erste Karte kein klares Bild ergibt oder wenn den Betreffenden ein Bereich besonders berührt.

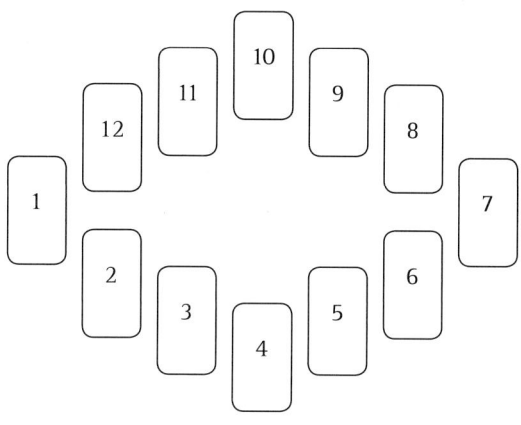

1 **Selbstdarstellung:** die Grundstimmung; wie der Fragende fühlt und was er nach außen zeigt; wie er auf Grund seiner seelischen und intellektuellen Anlagen an Aufgaben herangeht.

2 **Finanzen:** materielle Sicherung; Umgang mit Geld und Gut; Schaffens- und Besitztrieb.

3 **Alltag:** Denkungsart; geistige Entwicklung, Wissen aneignen. Wie gestaltet sich der Alltag?

4 **Das Zuhause:** Gemeint ist der Ort, an dem sich der Fragende zu Hause und geborgen fühlt, wo er seine Wurzeln hat; eigenes Heim, Elternhaus, Heimat und Tradition.

5 **Das Ausleben:** alles, was Spaß macht; Vergnügen; das Spiel mit sich und anderen, mit der Liebe (Flirts, Amouren), mit Geld; Kreativität; künstlerische Betätigung.

6 **Die Arbeit:** der Brotberuf; Aufgabenstellung und

deren Bewältigung; Arbeitsinhalt und -methodik; Umgang mit Kollegen, Untergebenen und Vorgesetzten; Standesbewusstsein und entsprechendes Verhalten in der Gesellschaft.

7 **Die Partnerschaft:** Ehe und andere wichtige, enge und offizielle Bindungen; das eigene Beziehungsverhalten; Trennungen; Feindschaft und Prozesse.

8 **Das Tiefgründige:** die Frage nach dem Lebensziel, dem Schicksal, dem Tod, der Sexualität; alle Tabus und deren Überschreitung; übersinnliche Fähigkeiten.

9 **Die Erkenntnis:** das Verstehen-Wollen; Erweiterung des persönlichen Horizonts (etwa durch Reisen); Weltanschauung; Einsicht und Verständnis, Offenheit; moralische und religiöse Überzeugungen.

10 **Die Berufung:** das Lebensziel; die Karriere; Begabungen und Fähigkeiten; Erfolg und Anerkennung; die eigenen Prinzipien.

11 **Die Freunde:** Erfahrungen im Freundeskreis; nützliche, aber auch belastende Freundschaften; Gastfreundschaft; Intrigen.

12 **Das Geheime:** tiefe Sehnsüchte und Ängste; das tief Verdrängte; der Weg nach innen; die eigenen Grenzen spüren; Bewährungsprobe; Zwangspause; das Unerklärliche.

Das Beziehungsspiel

Dieses Legesystem ermöglicht es, in aktuellen Beziehungs-
fragen Klarheit zu gewinnen. Es kann nicht nur für die
Liebesverbindung, sondern auch für jede Art von
zwischenmenschlicher Beziehung (in Beruf, Familie,
Freundeskreis) gelegt werden. Es zeigt, wie sich die
Partner auf der Verstandes-, Gefühls- und Körperebene
begegnen. Sie können es für sich allein oder auch
gemeinsam mit Ihrem Partner legen.
Die Karten werden wie üblich gemischt und aufgefächert.
Der Mischende (A) zieht die erste Karte, der Partner (B) die
Karten 2, 3 und 4, dann der Mischende wieder die Karten
5, 6 und 7. Es ist möglich, nach der ersten Deutungsrunde
zu jeder Karte noch zwei weitere zu ziehen.

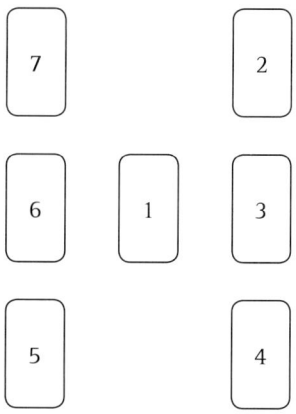

Die Karte 1 steht für das Beziehungsthema.

Die beiden Säulen zeigen, wie sich die Partner auf der jeweiligen Ebene begegnen:

Die Karten 7, 6 und 5 stehen für den Partner A.

Die Karten 2, 3 und 4 stehen für den Partner B.

Die drei Ebenen:

7 und 2 Verstand: die bewusste Einschätzung dessen, was sich jeder denkt.

6 und 3 Gefühl: was jeder im Herzen fühlt; das Empfinden zum anderen, Hoffnungen und Befürchtungen.

5 und 4 Körper: nach außen gezeigtes Auftreten und Verhalten; Sexualität und Erotik.

Geben und Empfangen*

Die beiden Partner können sich hier klarer über ihr Wechselspiel von Geben und Nehmen werden.

Die Karten werden gemischt, aufgefächert, abwechselnd gezogen und verdeckt auf die angegebenen Felder gelegt. Jetzt wird abwechselnd eine Karte nach der anderen aufgedeckt und besprochen.

1   Das bin ich.
2   Das ist der Partner.
3   Das gebe ich dir.
4   Das gebe ich dir nicht.
5   Das bekomme ich von dir.
6   Das bekomme ich von dir nicht.
7   Das brauche ich von dir.

Partner A

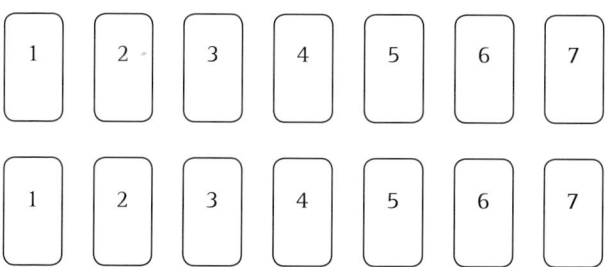

Partner B

*Quelle: Ziegler, Gerd: Tarot – Spiegel deiner Beziehungen, Königsfurt-Urania

Die Blockade

Sie fühlen sich traurig, deprimiert oder blockiert – und das womöglich ohne ersichtlichen Grund. Nichts scheint zu gelingen, und es will einfach nicht weitergehen. Das ist der richtige Moment, um die folgende Legemethode anzuwenden. Die Karten wie gewohnt mischen, auffächern und ziehen.

1   **Das Thema:** das, worum es geht.
2   **Die Blockade:** Das lässt mich nicht weiterkommen, das hält mich gefangen, das steht mir im Weg.
3   **Das Unbewusste:** meine Gefühle; das, was ich tief im Inneren spüre oder ahne.
4   **Die bewusste Ebene:** das, was mir klar ist und was ich bewusst wahrnehme.
5   Der Schritt, um die Blockade zu überwinden.

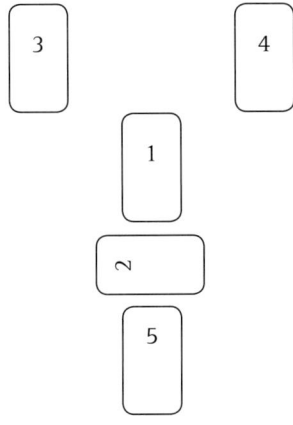

Das Entscheidungsspiel*

Dieses System können Sie als Entscheidungshilfe benutzen. Sie können natürlich kein »ja« oder »nein« erwarten, da Ihnen nichts und niemand Entscheidungen abnehmen kann. Aber Sie können sich über Tendenzen und Auswirkungen der Angelegenheit, um die es geht, Klarheit verschaffen: Was passiert, wenn ich etwas Bestimmtes tue? Und was passiert, wenn ich es lasse?

7   Gegenwärtiger Stand der Angelegenheit, auf die
           sich die Frage bezieht; die entscheidende Phase
           darin und meine Einstellung dazu.
3, 1, 5   Das geschieht der Reihenfolge nach, wenn ich
           den Weg X gehe.
4, 2, 6   Das geschieht der Reihenfolge nach, wenn ich
           den Weg X nicht gehe.

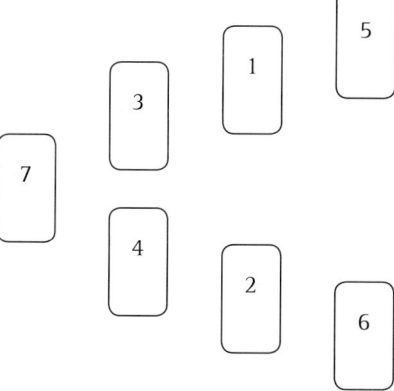

* Quelle: Banzhaf, Hajo: Schlüsselworte zum Tarot, München 1990.

Besondere Beachtung sollten Sie den Großen Arkana II, V, VI, X, XV, XVII und XXI schenken. Ihre Aussagen sind in diesem Zusammenhang markant und hilfreich. Hier einige Hinweise für ihre Deutung:

II – Die Hohepriesterin: Dorthin will die innere Stimme den Fragenden führen.

V – Der Hohepriester: Dieser Weg ist »sinnvoll«, d. h. er kann dem Fragenden ein tieferes Sinngefühl ermöglichen.

VI – Die Liebenden: Eine Entscheidung für einen bestimmten Weg steht an.

X – Glück: Der Fragende hat nicht viel Einfluss auf die Entscheidung. Die Entwicklung läuft in eine Richtung, die von der Karte angezeigt wird.

XV – Der Teufel: Dieser Weg ist verführerisch, aber gefährlich.

XVII – Der Stern: Dort liegt die Zukunft des Fragenden.

XXI – Das Universum: Dort ist der richtige Platz, dorthin gehört der Fragende, trotz möglicher Schwierigkeiten.

Der Zauberspruch der Zigeuner

Hier wird keine bestimmte Frage gestellt. Sie legen die Karten zur gegenwärtigen Situation des Fragenden, um den allgemeinen Trendverlauf zu erkennen. Diese Methode ist besonders geeignet, um der Befragung der Karten eine geheimnisvolle Atmosphäre zu geben. So können die »magischen Worte« jeweils zu ihrer Karte beschwörend gemurmelt werden. Doch sollten Sie den spielerischen Charakter dieser Legeart nicht übersehen. Machen Sie sich mit wissensdurstigen Freunden einen unterhaltsamen Abend!

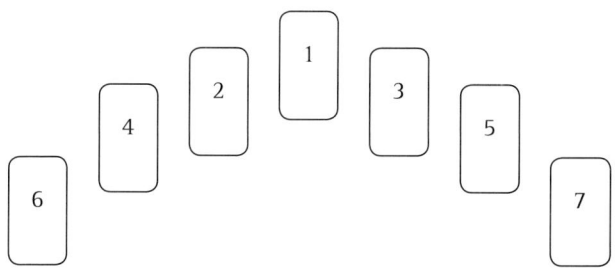

1 **Das ist dein Ich.**
   Die derzeitige Situation und Stimmung des Fragenden.
2 **Was dich deckt.**
   Was er nach außen zeigt, wie er auf andere wirkt.
3 **Was dich schreckt.**
   Was er dahinter bewusst oder unbewusst verbirgt.
4 **Was dich treibt.**
   Was er erstrebt; die Handlungen.

5 **Was dir bleibt.**
  Wie es ihm geht und was er erreicht.

6 **Was dir die Zukunft bringt.**
  Was als Nächstes kommen wird.

7 **Was dich zu Boden zwingt.**
  Was das für ihn bedeutet.

Die Ermittlung der Persönlichkeits-, der Wesens- und der Wachstumskarte

Sie können aus den 22 Großen Arkana 3 Karten ermitteln, die für Sie persönlich von besonderer Bedeutung sind:

Die Persönlichkeitskarte

Sie steht für die eigene Selbstdarstellung, die äußere Erscheinung, das Auftreten und die persönliche Art und Weise, Aufgaben zu lösen. Um sie zu ermitteln, addieren Sie Tag, Monat und Jahr Ihres Geburtsdatums.
Ein Beispiel:
Das Geburtsdatum ist der 13.3.1957. Sie addieren:
$13 + 3 + 1957 = 1973$.
Bilden Sie danach die Quersumme aus diesem Ergebnis:
$1 + 9 + 7 + 3 = 20$.
Ihre Persönlichkeitskarte ist XX – Der Aeon.

Die Wesenskarte

Sie zeigt die »innere Thematik« der Persönlichkeit, die eigenen Möglichkeiten und Grenzen, Kräfte und Schwächen.
Aus der Quersumme der Persönlichkeitskarte ergibt sich die Wesenskarte.
Für das obige Beispiel bedeutet das: $2 + 0 = 2$.
In diesem Fall ist II – Die Hohepriesterin die Wesenskarte.
Ist die Zahl der Persönlichkeitskarte einstellig, so sind Persönlichkeits- und Wesenskarte identisch.

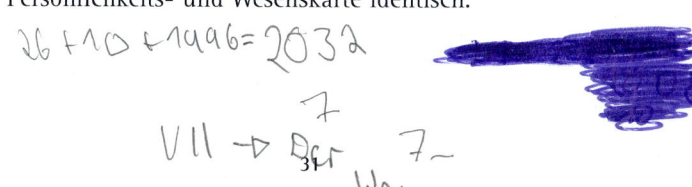

Die Wachstumskarte

Sie verdeutlicht das Entwicklungsthema für den Zeitraum von ungefähr einem Jahr und die Herausforderung, die es bedeutet, den dabei erforderlichen Weg zu gehen.

Addieren Sie Tag und Monat Ihrer Geburt und das gegenwärtige Jahr. Aus dem Ergebnis bilden Sie die Quersumme. In unserem Beispiel bedeutet dies zum gegenwärtigen Zeitpunkt:

$13 + 3 + 2006 = 2022$.

$2 + 0 + 2 + 2 = 6$.

Die Wachstumskarte für das Jahr 2006 ist IX – Der Eremit.

$26 + 10 + 2018 = 2054$

$2 + 5 + 4 = 11$

$26 + 10 + 2019 = 2055$

12

Die Deutung
der Großen Arkana

0 – Der Narr

SYMBOLE

Eine mächtige, frei schwebende Gestalt im grünen Frühlingsgewand des April-Narren: Richtungs- und Ziellosigkeit, absichtsloses Tun – Beginn einer neuen Phase.

Zwei Hörner und Kristall auf dem Kopf: Lebenslust und Lernbereitschaft.

Starre weit geöffnete Augen: nach innen und nach außen sehen, keine zielgerichtete Wahrnehmung.

Die den Narren umgebende vierschlaufige Spirale zeigt seinen Weg:

Erste, herzförmige Schlaufe: Sehnsucht nach Liebe und Berührung.

Zweite Schlaufe mit Taube, Schmetterling und Schlangenstab: ewiges Werden und Vergehen – Licht und Schatten.

Dritte Schlaufe mit Kinderkörpern, Blüten und Sonne: neues (Er)Leben – Aufblühen – Lebenslust.

Vierte Schlaufe mit Krokodil und Tiger: triebhaftes, instinktives Handeln.

Trauben und Münzen mit astrologischen Symbolen: Fülle und Reichtum auf allen Ebenen.

Sonne im Genitalbereich: Urvertrauen – Lebenswille und Lebensfreude.

ALLGEMEIN

Alles ist möglich – frei und unbekümmert seinen Ideen und seiner Intuition folgen – sich von Normen und Zwängen befreien oder nicht einengen lassen – mit

Urvertrauen und Mut Neues beginnen – staunend und absichtslos neue Lebensbereiche betreten – Abenteuerlust; **aber auch:** Unzuverlässigkeit – naiv und leichtgläubig sein – oberflächlich und gedankenlos sich treiben lassen und sich schwer entscheiden können.

BEZIEHUNG

Unkomplizierte, lebendige und herzliche Verbindung ohne Normen und Zwänge – dem anderen vorbehaltlos begegnen und ihn immer wieder neu entdecken – sich von der Stimme des Herzens leiten lassen – keine fixen Vorstellungen oder Ziele haben; **aber auch:** Leichtfertigkeit und Oberflächlichkeit – sich in Liebesabenteuer stürzen – untreu und flatterhaft sein.

BERUF

Sich um Geld oder Job keine Sorgen machen – neue, belebende Erfahrungen, die manchmal chaotisch erscheinen, jedoch keine wirkliche Gefahr bedeuten – große Lernbereitschaft und Ideenreichtum – Spaß an neuen Aufgaben und unkonventionellen Lösungen; **aber auch:** Verantwortungslosigkeit und unberechenbare Launen – unzuverlässig sein und sich närrisch verhalten.

I – Der Magier

SYMBOLE

Eine goldene, jugendliche Gestalt mit Flügelpaar an den Füßen, die elegant auf den Zehenspitzen balanciert: Meister der inneren Wahrnehmung und der Aufgabenbewältigung – die Realität erkennen und damit umgehen können – Selbstbeherrschung.

Die Gegenstände, mit denen der Magier jongliert: Münze – Tat, Körper; Schwert – Denken, Verstand; Feuerstab – Wille, Inspiration; Kelch – Herz, Gefühl; Zepter – Macht, Kraft; Geflügeltes Ei – Geisteskraft, höheres Wissen; Pfeil – Erkenntnisdrang; Pergament – verinnerlichte Erfahrung und Erkenntnis.

Krone aus Schlangenpaar und geflügelte Sonnenscheibe mit Taube: Schutzkräfte – erweiterte Wahrnehmung und Weisheit.

Drohender Affe: Aggression, Destruktivität; triebhaftes Verlangen.

ALLGEMEIN

Schöpferisch und wenn nötig mit enormer Kraft seine Ideen verwirklichen zum eigenen Wohl und zum Wohle aller – Streben nach Macht – zielgerichtetes und klares Kommunizieren mit anderen – mit Willenskraft und Tatendrang geschickt Aufgaben meistern und zu neuen Erfahrungen kommen – sich seiner Stärken und Schwächen bewusst sein; **aber auch:** etwas vorgaukeln um persönliche Interessen durchzusetzen – Schwäche zeigen und sich ausnutzen lassen – Scharlatan, Trickser.

BEZIEHUNG

Aktiv auf den Partner zugehen und zu der Beziehung stehen – sich magisch angezogen fühlen oder eine magische Anziehungskraft besitzen – Schwierigkeiten und Probleme meistern, so dass ein offenes und ehrliches Miteinander möglich wird – spielerischer Austausch und Glaube an die eigene Kraft; **aber auch:** seine Vorstellungen und seinen Willen durchsetzen und Druck ausüben – falsches Spiel.

BERUF

Erfolgreiches Bewältigen von Aufgaben und Problemen – Initiative ergreifen und mit Willens- und Entschlusskraft den Ablauf von Ereignissen positiv beeinflussen, z.B. bei Verhandlungen, beim Abschluss eines Geschäftes, bei Beförderung oder Streit mit Kollegen – Spaß und Befriedigung im Arbeitsalltag; **aber auch:** rücksichtslos die persönlichen Ziele verfolgen – gegen besseres Wissen handeln – sich den Aufgaben oder der Position kaum gewachsen fühlen und Schwäche zeigen.

II – Die Hohepriesterin

SYMBOLE

Eine geheimnisvolle Gestalt (jungfräuliche Mondgöttin), deren untere Körperteile von einem silbernen Lichtschleier bedeckt bleiben, mit Pfeil und Bogen auf dem Schoß: verborgene, weibliche Kraft, die sich der logischen Erkenntnis entzieht – Gefühl und Intuition – Wissen um die Tiefen des Unbewussten.

Im oberen Bereich der Gestalt nach oben geschwungene Lichtstrahlen: Zugang zu den ergründlichen Quellen – inneren Wissens.

Die Lemniskate (Unendlichkeitszeichen) vor den Augen: »Drittes Auge«, Visionen, Ahnungen und Träume.

Als Krone die drei Phasen des Mondes (Vollmond, zu- und abnehmender Mond) und sieben Mondsicheln: Vereinigung von Gegensätzen – zu immer tieferer Einsicht gelangen.

Im Vordergrund befinden sich: Kristalle – Klarheit; Blüten – Bereitschaft zu empfangen; Früchte – Fruchtbarkeit, Ernte; Kamel – Demut und Mäßigkeit.

ALLGEMEIN

Feines Empfinden und Wahrnehmen durch tiefen Zugang zum eigenen Unbewussten – sich auf seine Intuition verlassen – sich mit seiner Weiblichkeit als unabhängige Frau auseinandersetzen – Nachsicht und Großzügigkeit – Verständnis, und Geduld aufbringen – mit aller Aufmerksamkeit geschehen lassen; **aber auch:** kühl und unnahbar wirken – seiner Intuition nicht folgen und sich von außen beeinflussen lassen – Träumerei, Spinnerei, Lebensangst, Launen und Unentschlossenheit.

BEZIEHUNG

Tiefes Gefühl der Verbundenheit (auch in Auseinandersetzungen), innerlich jedoch unabhängig bleiben – tiefes Einfühlungsvermögen und intuitives Verstehen – sich von Abhängigkeiten und Leidenschaften befreien und sich unabhängig machen – auf seine innere Stimme hören und sich zu nichts drängen lassen; **aber auch:** »die kalte Schulter zeigen« – keine Toleranz – Beziehungslosigkeit durch übertriebene Aktivitäten überdecken.

BERUF

Helfenden, heilenden Aufgaben nachgehen – in Entscheidungssituationen auf die innere Stimme hören – intuitiv das Richtige tun und mit Geduld und Ausdauer den Zielen näher kommen; **aber auch:** sich nicht durchsetzen können – sich im Kollegenkreis nicht eingebunden fühlen – keine innere Erfüllung finden.

III – Die Kaiserin

SYMBOLE

Eine mondgekrönte Frau: Sinnbild der »Großen Mutter«, des ewigen Zyklus des Werdens und Vergehens – gebende und empfangende Liebe – Fruchtbarkeit.

Sie wendet sich vom Sperling ab und der Taube zu: Indem sie Lüsternheit und Leidenschaft hinter sich lässt, wendet sie sich dem höheren Weiblichen, der Reinheit zu.

Lotus in der rechten, empfangende Haltung der linken Hand: passive Kraft, Öffnungsbereitschaft und weibliche Hingabe.

Zwei Monde in den beiden Thronsäulen und Krone mit zu- und abnehmender Mondsichel, worin die Weltkugel ruht: Symbol der Polarität, die allem innewohnt.

Pelikan: aufopfernde Mutterliebe und uneigennützige Hingabe.

Weißer Doppeladler im Mondzeichen: die Macht der lunaren, unbewussten, weiblichen Kräfte.

ALLGEMEIN

Das Mütterliche in der Weiblichkeit entfalten – für Wachstum, Blühen und Gedeihen sorgen – ein weites Herz haben und großes Verständnis zeigen – sich und andere liebevoll verwöhnen – sich gesund fühlen und genießen können – Harmonie – Sinnlichkeit – einen fruchtbaren Boden betreten; **aber auch:** sehr dominant sein und starken Einfluss auf Personen oder Situationen nehmen wollen – Entwicklung und Wachstum hemmen – verzerrtes Mutterbild.

BEZIEHUNG
Mütterliche, fürsorgliche Liebe und Einfühlsamkeit – sich mit dem Partner gut ergänzen und den weiblichen Teil übernehmen – Familienzuwachs oder die Familie hat eine große Bedeutung – innerlich und äußerlich ein Nest bereiten – seine Weiblichkeit und Sinnlichkeit durch den Partner erfahren; **aber auch:** den/die anderen »mit Haut und Haaren« in Besitz nehmen – übertriebene Fürsorge – keine gleichwertige Partnerin sein – seine mütterliche Weiblichkeit kaum entfalten können.

BERUF
Mit großer Energie, Schönheitssinn und Freude schöpferisch tätig sein – mit dem Willen zur Veränderung neue Ideen mit Schwung realisieren – sich als Frau akzeptiert und stark fühlen – eine Wachstumsphase erleben und mit dem Herzen dabei sein; **aber auch:** verstärkt Mutterpflichten wahrnehmen – als Frau benachteiligt sein – Verzögerung oder Stagnation.

IV – Der Kaiser

SYMBOLE

Ein massiger und starker, in rote Gewänder gehüllter Mann, auf einem Kristallthron sitzend: willensstarke Herrscherpersönlichkeit, die für Recht und Ordnung sorgt – Sicherheit und Stabilität – Wille zum Ordnen der eigenen Gefühle.

Symmetrische Haltung (die Beine bilden ein T, Arme und Kopf ein gleichschenkliges Dreieck): Zeichen des alchemistischen Weltprinzips Sulphur (Schwefel), das für die feurige, dynamische Energie steht.

Zepter mit Widderkopf und Erdkugel mit Malteser-kreuz: Macht und Durchsetzungswillen – im eigenen Bereich stabile Strukturen schaffen und den Frieden sichern.

Heller und dunkler Widderkopf als Thronsäulen und Opferlamm mit Friedensfahne: Schöpferkraft, aber auch zerstörerisch wirkender Durchsetzungswille – Demut und Opferbereitschaft – die Gesetze nicht nur als Einschränkung verstehen, sondern auch als Sicherung der Freiheit.

Roter, doppelköpfiger Adler im Sonnenzeichen: solare, bewusste, männliche Kraft.

ALLGEMEIN

Ordnende Kraft, die Strukturen und Stabilität in das Geschehen bringt – wirklichkeitsnahes Denken und tatkräftiger Wille – vom Verstand bestimmtes Handeln und Selbstkontrolle – klare Regeln oder Machtstrukturen anerkennen und Verantwortung übernehmen – Vaterrolle übernehmen oder sich mit dem eigenen männlichen Teil auseinandersetzen; **aber auch:** eiserne Disziplin fordern – starre Regeln – sinnlose Bürokratie – sich immer für alles verantwortlich fühlen.

BEZIEHUNG

Dem freundschaftlichen Verhältnis oder der Partnerschaft einen sicheren Rahmen geben, in dem Klarheit und Ordnung herrschen – Träume und Wünsche verwirklichen – Machtstrukturen und das jeweilige Verhalten bewusst machen – seine eigene Männlichkeit hinterfragen – Verantwortung für die Familie oder Partnerschaft übernehmen; **aber auch:** erstarrte Verhaltensmuster und Beziehungsstrukturen – in eine verfestigte Rolle scheinbarer Überlegenheit verfallen, um Sensibilität, Schwäche und Anlehnungsbedürfnis zu überspielen.

BERUF

Klare Konzepte für Pläne und Projekte entwerfen, die mit Disziplin, Entschlossenheit und Verantwortung verwirklicht werden können – Machtpositionen klären und seine eigene Stellung sichern – Ordnung schaffen; **aber auch:** Perfektionismus, sinnlose Regeln, festgefahrene Fronten und fixe Ideen.

V – Der Hohepriester

SYMBOLE

Eine weise, jedoch maskenhaft lächelnde Priestergestalt: Sinnbild des Menschen, der durch Glaubenskraft ein tiefes Vertrauen in das Leben hat – Suche nach dem verborgenen Sinn – aber auch Erstarrung in Dogmen.

Beleuchtete weibliche Gestalt als »Blaue Venus«, die Schwert und Mondsichel hält: Sie lehrt den Hohepriester, dass Gefühl und Leid zur Weisheit führen.

Pentagramm mit dem göttlichen Kind Horus auf der Brust: mit der Kraft des Neuen die erstarrten Dogmen überwinden.

Priesterstab mit drei Ringen: harmonische Verbindung von Vergangenheit, Gegenwart und Zukunft.

Drei ineinander gestellte Fünfecke: aus der äußeren Wirklichkeit zum inneren, verborgenen Lebenssinn vordringen.

Schlange und Taube: Schuld durch Sündenfall und Erlösung.

Vier Masken: die in Dogmen erstarrte Religion unserer Zeit.

Stier und Elefanten: Schutz vor Bedrohung.

ALLGEMEIN

Auf der Suche nach dem höheren Sinn und der tieferen Wahrheit sein – Glauben finden und Spiritualität entfalten – Vertrauen in die Sinnhaftigkeit einer Erfahrung haben – sich mit Tradition, Erziehung, Wertvorstellungen und

Gedankenmustern auseinandersetzen – sein Gewissen befragen – Trost und Erkenntnis finden (in Büchern, Filmen und Gesprächen); **aber auch:** sinnlose Suche und sich mit oberflächlichen Heilslehren oder -praktiken begnügen – Lug und Trug – Anmaßung und Intoleranz – Scheinheiligkeit und Herzlosigkeit.

BEZIEHUNG

Wachstum an Vertrauen und seelischer Zuneigung – die Sinnhaftigkeit der Beziehung hinterfragen – tiefe Seelenverwandtschaft erfahren – fest an den Partner glauben und seelischen Halt finden; **aber auch:** starre Moral – unmoralisches Verhältnis – sich moralisch überlegen fühlen und dies gewissenlos ausnutzen – frömmelnde Beziehungsideale.

BERUF

Die wahre Berufung und den tieferen Sinn in der Tätigkeit suchen bzw. finden – Lehrender und Lernender gleichzeitig sein – gewissenhaft seine Aufgaben erledigen – gegen Dogmen und Glaubenssätze kämpfen – gemeinnützig und selbstlos tätig sein – mit gutem Gewissen eigenen Vorsätzen treu bleiben – Ansehen und Loyalität genießen; **aber auch:** schulmeisterhaft und besserwisserisch sein – sinnlose Arbeit tun.

VI – Die Liebenden

SYMBOLE

Schwarzer König mit Lanze und weiße Königin mit Kelch reichen sich die Hand zur Vermählung: Anziehung der Gegensätze, versinnbildlicht durch die Kraft der Liebe zwischen Mann und Frau – Suche nach Harmonie und Ganzheit durch Verbindung mit dem Gegenüber.

Der Eremit als mächtige, verhüllte Gestalt breitet die Hände schützend über das Paar: göttliche Ordnung im menschlichen Streben nach Einheit.

Schwarzes Kind umfasst den Speer des Vaters, sowie roter Löwe: schöpferischer Wille, männliche Fortpflanzungskraft.

Weißes Kind berührt den Kelch, sowie weißer Adler: weibliche Hingabe und unergründliche emotionale Tiefe.

Geflügeltes Ei, um das sich eine Schlange windet: Ursprung aller Dinge – durch Vereinigung entsteht Verwandlung.

Geflügelter Amor über dem Weisen: erwachende Sexualität, die aktiv zur Verschmelzung mit anderen Menschen strebt.

Das Gewölbe der Schwerter im Hintergrund: Teilung, Dualität, Entscheidung.

ALLGEMEIN

Liebe als Urkraft des Lebens, des Wachstums und der Vermehrung – Lösung aus Abhängigkeit – Verantwortung für sich selbst übernehmen – eine Herzensentscheidung treffen, die zu tiefer Zufriedenheit und beglückender Liebeserfahrung führt – sich eng verbunden fühlen; **aber auch:** Trennung oder Vernunftsbindung eingehen – Trennung von Liebe und Sexualität.

BEZIEHUNG

Die Begegnung mit dem Partner als großes Glück empfinden – seine eigene Persönlichkeit einbringen und sich gut in der Beziehung ergänzen – tiefe Liebe und befriedigende Sexualität – gleichwertiges Miteinander ohne Besitzansprüche – echter innerer Bindungswille und Beziehungsfähigkeit – Heirat; **aber auch:** den eigenen Wunschvorstellungen und Illusionen nachlaufen – Eifersucht – Selbstaufgabe – schmerzhafte Trennungserfahrung.

BERUF

Mit Herz und Verstand eine klare Entscheidung treffen – sich mit Liebe den anstehenden Aufgaben widmen – Vorlieben entdecken – gute, aufrichtige zwischenmenschliche Beziehungen und Bindungen im Aufgabenbereich – sich für den weiteren Ausbildungs- und Berufsweg vom Herzen leiten lassen – Beruf und Beziehung lassen sich gut vereinbaren; **aber auch:** Lieblosigkeit und Druck erfahren – Trennung und Enttäuschung.

VII – Der Wagen

SYMBOLE

Ein Wagenlenker von heldenhafter Statur im Meditationssitz, in sich versunken den Heiligen Gral in Händen haltend: konzentrierte Kraft der inneren Sammlung – Bereitschaft, sich zum rechten Zeitpunkt aufzumachen, um sich auf allen Ebenen zu bewähren – Wollen (Lenker und Wagen) und Fühlen (Gral und Hintergrund) befinden sich im Einklang.

Helle Kreise im Hintergrund: ewiger Kreislauf der Zeit, die alles vorwärts treibt – das Gefühl, von einer geheimen Kraft getrieben zu werden.

Große, rote Wagenräder: der Wille, reine Handlungsabsicht.

Vier Paradiessäulen, die den Nachthimmel tragen und Krebs (als Mondzeichen): der vom Himmel gesandte Erlöser, der Erneuerer.

Vier Sphingen ziehen den Wagen; zwei von ihnen sind schwarz (Löwe und Stier), zwei weiß (Adler und Mensch). Die Rümpfe und Köpfe der Wesen sind vertauscht.

Weiße Sphingen: lebensbejahende Kraft, die auf den Weg des Helden einwirkt.

Schwarze Sphingen: blockierende, vom Leben abgewandte Kraft.

ALLGEMEIN

Sich auf Wesentliches und Wichtiges konzentrieren und aus tiefer Überzeugung heraus handeln – voller Dynamik und Kraft an die Dinge herangehen – Disziplin, Willens-

kraft und Aufmerksamkeit – Loslösung von fremd-
bestimmtem Gedankengut und von Wertvorstellungen, die
z. B. von Eltern oder Lehrern übernommen wurden –
voller Zuversicht und Mut eigene Wege gehen – Selbst-
erfahrung und Selbstbewusstsein wachsen durch das
Überwinden von Schwierigkeiten, Ängsten und inneren
Widersprüchen; **aber auch:** die eigenen Kräfte über-
schätzen und sich in eine Sackgasse verirren – durch
Angeberei, Leichtsinn und Ungeduld etwas zu weit treiben
– die eigenen Kräfte nicht zielführend einsetzen.

BEZIEHUNG

Eine neue Beziehung oder eine schwungvolle, belebende
Phase in einer bereits bestehenden Verbindung bahnt sich
an – erfolgreicher Annäherungsversuch – einen Auf-
oder Ausbruch wagen – seine Triebe beherrschen und den
inneren Einklang mit sich und dem Partner suchen; **aber
auch:** ichbezogener, leichtsinniger Umgang mit Beziehungen – erfolgloses Werben.

BERUF

Mit Schwung und Mut an die Aufgaben herangehen –
beherzt »den Karren aus dem Dreck ziehen« – unaufhalt-
sam seine Ziele verwirklichen – Streben nach Erfolg –
Durchsetzungskraft – Risikofreude – Neuanfang, der
einen Schritt mehr zur inneren Zufriedenheit bedeutet
(z. B. Selbständigkeit, Studium, neues Arbeitsverhältnis);
aber auch: Fehleinschätzung – sich in etwas verrannt
haben – erfolgloses Bemühen – Rücksichtslosigkeit.

VIII – Ausgleichung

SYMBOLE

Eine auf Zehenspitzen stehende, maskierte Frau, die das magische Schwert mit der Spitze nach unten zwischen ihren Beinen hält und ihre Körperhaltung damit ausbalanciert: mit äußerster Konzentration das empfindliche Gleichgewicht aller Dinge halten.

Zwei mit den griechischen Buchstaben Alpha und Omega im Gleichgewicht gehaltene Waagschalen, die an der »Krone der harmonischen Weisheit« hängen: Gleichgewicht zwischen den inneren Gefühlen und den äußeren Erscheinungen und Kräften.

Krone aus zarten Straußenfedern, die sich beim leisesten Gedankenhauch bewegen: Alles, was geschieht, ruft eine Wirkung hervor.

Vier Kugeln mit je einer Pyramide als Thron und vier Kreise des Lichtes und der Dunkelheit in den Ecken: Gesetze und Beschränkungen, die in einem ausgewogenen Verhältnis zum freien Fluss des Lebens stehen.

ALLGEMEIN

Unparteiisch und unbestechlich sein und sich ein Urteil bilden – zu seinem Recht kommen – gerecht sein und Verantwortung für das eigene Tun übernehmen, im Guten wie im Schlechten – ausgeprägter Gerechtigkeitssinn – Ausgewogenheit und Gleichgewicht der Kräfte (kann auch Gleichgewicht der Waffen bedeuten); aber auch: ungerechte Behandlung – unsinnige Rechtssprechung – Fehlurteil

— vorgefertigte Meinungen, Selbstgerechtigkeit und Vorurteil.

BEZIEHUNG

Ausgewogene, gleichwertige Partnerschaft — Unsicherheiten, Spannungen und festgefahrene Fronten abklären — klare Verhältnisse schaffen — gütliche Einigung — gerechte Lösungen finden; **aber auch:** rechthaberisch sein — Benachteiligung und ungerechte Behandlung.

BERUF

Mit den Folgen der eigenen Handlungen konfrontiert werden und sich Klarheit über die eigenen beruflichen Ziele verschaffen — Fairness und Offenheit als Prinzip — mit Urteilsvermögen, Kompromissfähigkeit und Lebensklugheit Entscheidungen treffen — gerechter Lohn und gerechte Arbeitsverteilung — Auseinandersetzung mit Gesetzen, Rechten und Vorschriften; **aber auch:** auf Kosten anderer zu seinem Recht kommen — Streit und Ungerechtigkeiten.

IX – Der Eremit

SYMBOLE

Ein weiser alter Mann, der sich vom Betrachter abwendet und in seiner Hand ein Licht hält: sich vom äußeren Leben zurückziehen, Rückbesinnung auf sich selbst, um sich auf das Wesentliche zu konzentrieren – Abgeschiedenheit, Sammlung, Fasten, Schweigen, mit sich ins Reine kommen – weiser Lehrer, der anderen den Weg erhellt.

Ein Kristall mit Sonne als Lichtquelle erhellt die oberen und unteren Sphären: Suche nach der Wahrheit – in die Tiefe der Seele leuchten und tiefe Erkenntnis erlangen.

Dreiköpfiger Höllenhund Cerberos: auf dem Weg nach innen dem eigenen Schatten begegnen und diesen in Leiden und Qualen letztlich überwinden.

Spermatozoon: zeugender Impuls, der auf fruchtbarem Boden keimen kann.

Orphisches Ei, das aus bewegtem Weizenfeld erscheint: den Ursprung des Lebens suchen und erkennen – keine Kompromisse eingehen, wenn es darum geht, die Wahrheit mit dem Herzen zu erkennen.

ALLGEMEIN

Besinnung auf die wesentlichen Ziele des Lebens, die Vergänglichkeit erkennen – sich zurückziehen, die Angst vor Einsamkeit überwinden und die wertvolle, befreiende Erfahrung machen, mit sich allein sein zu können – seine Lebensaufgabe erkennen und anderen ein gutes Vorbild sein – Zuwachs an Reife, Lebensweisheit, Gelassenheit,

Zufriedenheit, Mut und Kraft; **aber auch:** Eigenbrötler sein — Angst und Scheu vor den Menschen haben — sich zurückziehen und sich nicht den Aufgaben im Leben stellen.

BEZIEHUNG

Die Stille und das Alleinsein suchen, um sich Klarheit über bestehende Bindung zu verschaffen — sein Singledasein genießen — durch eine Trennung wachsen und reifen — sich klar abgrenzen und sehr selbständig in einer Partnerschaft leben; **aber auch:** Angst vor Einsamkeit — große Unsicherheit — Bindungsangst — sich in der Partnerschaft alleine und einsam fühlen.

BERUF

Durch Selbstbesinnung die eigenen wirklichen Bedürfnisse erkennen — seine wahre Berufung finden — das Berufsleben verändern — eine Neubewertung der Bedeutung von Erfolg, Zeiteinsatz, Geld, Anerkennung und Prestige vornehmen — sich selbständig machen; **aber auch:** nicht teamfähig sein — Außenseiterrolle einnehmen — keine Unterstützung finden.

X – Glück

SYMBOLE

Das zehnspeichige Schicksalsrad: ständige Bewegung und Veränderung durch das kontinuierliche Fortschreiten der Zeit – das irdische Gesetz des Werdens und Vergehens – Glück und Unglück – folgerichtige Auswirkung aller Handlungen.

Drei Figuren treiben das Rad an; sie ergänzen sich dabei.

Affenwesen, das den Umlauf des Rades unterstützt: schöpferische Kraft – kreative Energie.

Krokodilwesen, das sich in die Tiefe stürzt: Zerstörung – das Dunkle als der Gegenpol zum Licht – Instinkt.

Sphinx mit Schwert, die auf dem Rad thront: Aufbauende und zerstörerische Kräfte sind harmonisch vereint – Ausgleich von ewigem Werden und Vergehen.

Blitze, Sterne und Energiewirbel: göttliches Zeichen – Vorbestimmung – Schicksal.

ALLGEMEIN

Unerwartetes, glückliches Ereignis – das Gefühl, die Dinge nicht beeinflussen zu können – Zeiten mit pulsierendem Leben, die Veränderungen mit sich bringen – sich auf Veränderungen einstellen und neu beginnen – Weiterentwicklung durch bewusstes Annehmen des Schicksals – den »Fingerzeig des Schicksals« verstehen lernen – »Jeder ist seines Glückes Schmied!«; aber auch: Unglück und Resignation – sich hilflos und getrieben fühlen – Veränderungen nicht wahrhaben wollen.

BEZIEHUNG

Glückliche Wende in einer bereits bestehenden Beziehung
– ein neues, großes Liebesglück finden – Einsicht in das
Auf und Ab in der Beziehung führt zu weiser Gelassenheit
und stärkt die Bindung – schicksalhafte Begegnung;
aber auch: Schicksalsschlag – vom Sog unabänderlicher
Geschehnisse abwärts gerissen werden – eine Entscheidung
erzwingen – eine Tatsache nicht wahrhaben wollen.

BERUF

Mit wachsamen Augen günstige berufliche Möglichkeiten
wahrnehmen, die zu erfreulichen Veränderungen führen
– unabänderliche Ereignisse führen zu einer Veränderung
– die Dinge nehmen ihren Lauf und die Zeit arbeitet für
mich; **aber auch:** Misserfolge (abwärts drehendes Rad) als
Chance, seine eigenen wirklichen Fähigkeiten zu erkennen
und eine neue Richtung einzuschlagen – ungünstige
Bedingungen und schlechter Zeitpunkt für Unternehmungen.

XI – Lust

SYMBOLE

Eine nackte, sich ganz der Lust hingebende Frau, die auf einem Löwen reitet und ihn am Zügel hält: sich unabhängig von der Vernunft ganz der Leidenschaft, der sexuellen Ekstase und dem Rausch hingeben, um das »Tier« in sich selbst zu erkennen, es anzunehmen und es liebevoll zu zähmen.

Löwe mit mehreren unterschiedlichen Menschen- und Tierköpfen: vielfältige Sichtweisen – gezähmte, kontrollierte Triebe – Sinnesfreude – das Leben genießen können (ohne Masken verkörpert der Löwe auch Destruktivität, Machthunger und Streit).

In der rechten Hand hält die Frau einen Feuerkelch, der an eine Gebärmutter erinnert.

Aus ihm strömen Lichtbündel, Sterne und Schlangen in alle Richtungen: Triebe werden zu wonniger Lust – Tod und Wiedergeburt – zerstörende und erneuernde Energien strömen in die Welt.

Heiligengesichter und vom Himmel gefallene Sterne im Hintergrund: neu gewonnene Moral und Wertvorstellung.

ALLGEMEIN

Sich den dunklen Tiefen und den verborgenen Sehnsüchten zuwenden, sie bejahen und dadurch alte Ängste, Unterdrückung und beschränkende Vorstellungen überwinden – sich seiner Kräfte bewusst sein und mit sicherem Instinkt das Richtige tun – das »Tier« in sich selbst erfahren und bezähmen – sich mit seinem inneren Widersacher verbrüdern – Lebenslust – Vitalität – Leidenschaft – Ehrlichkeit sich selbst gegenüber; **aber auch:** sich den Trieben überlassen – Zügellosigkeit – Verkrampfung und sich wenig zutrauen – zerstörerische Leidenschaft.

BEZIEHUNG
Tiefe Sinnlichkeit, erfüllende Sexualität und Leidenschaft – vitale, temperamentvolle Beziehung, die mit viel Kraft und Mut gelebt wird - starre Moralvorstellungen aufgeben; **aber auch:** Enttäuschung, zerstörerische Auseinandersetzung und Hass auf den anderen – Perversion – ausschweifendes zügelloses oder verklemmtes Sexualleben.

BERUF
Mit Freude, Kraft und Mut an Aufgaben herangehen und sich leidenschaftlich für gutes Gelingen einsetzen – mit großem Einfühlungsvermögen Schwierigkeiten und Differenzen erkennen und sie geschickt und engagiert überwinden – eine besondere Vorliebe entfalten – sich leidenschaftlich einsetzen; **aber auch:** saft- und kraftlos den Berufsalltag bewältigen – Kräfte vergeuden.

XII – Der Gehängte

SYMBOLE

Eine gesichtslose, bewegungsunfähige und kopfüber hängende Gestalt: sich völlig machtlos fühlen und keinen Ausweg aus der Krise sehen – immer wieder der hilflose Versuch, mit überkommenen Vorstellungen und eingefahrenem Verhalten die Situation zu verändern – Fallenlassen aller Schutzmasken und durch die Erfahrung der Schutzlosigkeit Ängste überwinden.

Ägyptisches Henkelkreuz (Ankh) mit Lebensschlange am lichtdurchfluteten, grünlichen Horizont: Quellen der Lebens- und Schöpfungskraft, der Hoffnung und der Liebe.

Schwarze Todesschlange im Grab, welcher sich der Gehängte zuwendet: alte und tiefsitzende Ängste, zerstörerische Kräfte.

Die Beine sind zu einer Vier gekreuzt: irdische Wirklichkeit.

Die Arme bilden ein gleichseitiges Dreieck: göttlicher Wille.

Kleine blaue Quadrate, die im Hintergrund ein Gitter bilden: Normen und Zwänge der Gesellschaft – Schubladendenken beeinträchtigt die freie Sicht und verhindert den Zugang zum eigenen Inneren.

Drei grüne Scheiben und drei Nägel, mit denen der Gehängte an das Gitter geheftet ist: unfreiwilliges, vom Höheren bestimmtes Leiden, das der Erlösung dient.

ALLGEMEIN

Zwangspause, um das Loslassen von alten Zwängen, Vorstellungen und Gedankenmustern zu ermöglichen und neue Sichtweisen und Perspektiven zu erlangen — Krankheit — das Gefühl, festzusitzen und nicht weiterzukommen — Krise in einem wichtigen Lebensabschnitt als Aufforderung sich nicht hängen zu lassen, sondern zu erkennen und zu reifen; **aber auch:** erdrückende Ausweglosigkeit — schleppende Veränderung ohne neue Einsichten — lange Phasen des Stillstands.

BEZIEHUNG

In einer Bziehungskrise gefangen sein oder keinen Partner finden — jede Kraftanstrengung und Suche nach Auswegen ist zwecklos, denn nur durch neue Einsicht, Ruhen und Geschehenlassen ordnen sich die Dinge neu; **aber auch:** starre Fronten — strikte Aufgabenverteilung – langweilige Sexualität.

BERUF

Eintöniger, zäher Arbeitsalltag — keine Veränderungen oder Fortschritte und auf eine harte Geduldsprobe gestellt werden — durch zermürbende Arbeits- oder Aufgabenlosigkeit neue Möglichkeiten suchen — berufliche Sackgasse, die zum Umdenken auffordert — Verzögerungen in Kauf nehmen; **aber auch:** nicht bereit sein etwas zu ändern — stehen bleiben und nicht mit der Zeit gehen.

XIII – Tod

SYMBOLE

Schwarzes, tanzendes Skelett, das die Sense schwingt und die Lebensfäden, an denen es hängt, durchtrennt: Tod und Wiedergeburt – das natürliche Ende einer alten Struktur, als Voraussetzung für den Aufbau von etwas Neuem – Zerstörung alter Formen, Veränderung.

Von der Sense aufgeworfene Blasen mit Gestalten: neues Leben, das im Humus der Vergangenheit keimt.

Untere Entwicklungsebene (Skorpion, welkender Lotus und Lilie im Schlamm): Angst vor Veränderungen und Tod – Entwicklungen verhindern – Tabus – etwas vergraben und zuschütten – aber auch faulige Gärung, aus der Humus entsteht.

Mittlere Ebene (Fisch und Schlange): Wiedergeburt, Weisheit und Wissen um Leben und Tod.

Obere Ebene (Adler): erlöste, höchste, reinste Form des Seins.

ALLGEMEIN

Sich von Vergangenem lösen und befreit sein – Abschied, der als schmerzhaft oder befreiend empfunden werden kann – Ende einer Entwicklungsphase, die die Bereitschaft zum Loslassen beinhaltet, um Platz für Neues zu schaffen – Vorstellungen oder Wünsche endgültig begraben – Verlust; **aber auch:** lähmende Angst vor einem Ende – Stillstand – sich verzweifelt, jedoch ohne Aussicht auf Erfolg an etwas klammern.

BEZIEHUNG

Ende einer Beziehung oder Abschluss einer Beziehungs-
phase – der befreiende und belebende Abschied, wenn das
Loslassen möglich ist – eine Grenze erreicht haben –
endgültigen Schlussstrich ziehen; **aber auch:** sich wie tot
fühlen und keinen Ausweg sehen – das Ende nicht wahrhaben wollen.

BERUF

Das Ende der bisherigen beruflichen Tätigkeit, einer
Entwicklungsphase oder einer Aufgabenstellung – neue
Hoffnungen und Wünsche – die Endgültigkeit akzeptieren und sich verabschieden; **aber auch:** Verbitterung über
ein mögliches Scheitern – sich stur gegen ein Ende wehren und unnötige Kraft vergeuden – Resignation.

XIV – Kunst

SYMBOLE

Eine doppelköpfige Frauengestalt mit dunklen und hellen Gesichtern und Händen: Vereinigung von (männlichen und weiblichen) Gegensätzen in einem inneren Prozess – Dualität.

Die Gestalt vermischt Feuer und Wasser, das größte Gegensatzpaar, miteinander: die alchemistische Kunst, Gegensätze so zu verbinden, dass das Niedrigere, Unvollkommene sich zu Höherem, Vollkommenem wandelt.

Goldener Kessel mit Totenkopf und Rabe: Gärungsprozess – Verwandlung in neues Leben.

Weißer Löwe und roter Adler: männliche und weibliche Prinzipien befinden sich in Harmonie miteinander.

Aufsteigender, regenbogenfarbener Lichtstrom mit Pfeil: Erkenntnis der Zusammenhänge von Geist und Natur – aufsteigende Lebensenergie – mit sich und der Welt in Harmonie leben.

Sonne mit lateinischer Inschrift (übersetzt: »Suche das Untere der Welt auf, vervollkommne es, und du wirst den verborgenen Stein finden.«): sich auf sein Innerstes, seinen wahren Kern, den leuchtenden »Stein der Weisen«, besinnen.

ALLGEMEIN

Die Kunst, die eigene Lebenssituation zu verbessern – Harmonie – mit feinem Gespür das Richtige tun – Ausgeglichenheit der Kräfte – Gegensätze bewusst machen und das rechte Maß finden – erfülltes Leben; **aber auch:** Launen, Unausgeglichenheit und übertriebene Aktivität – Einseitigkeit.

BEZIEHUNG

Harmonische, sinnliche Verbindung – die Gegensätze werden in belebender Spannung und im Gleichgewicht gehalten – tiefe Nähe und Verbundenheit – Heilung alter Wunden; **aber auch:** kein Gespür für das rechte Maß an Nähe oder Distanz.

BERUF

Ausgeglichen den beruflichen Alltag erleben – entspannt, jedoch zielsicher Aufgaben bewältigen – das richtige Gespür für die Situation und die korrekte Handlungsweise haben – ruhige, stetige Weiterentwicklung – Einsichten erlangen, die zur Verbesserung der Arbeitsatmosphäre und zu höheren Aufgaben führen; **aber auch:** übertriebene Aktivität und Kräfte vergeuden – Destruktivität.

XV – Der Teufel

SYMBOLE

Ein Ziegenbock mit zwei spiralförmigen Hörnern (umge-kehrtes Pentagramm): der Teufel, die Dualität, die Sünde, die Finsternis – der gefallene Engel als Schattenseite Gottes, des Lichtes – dunkle, unerkannte Triebe und Tiefen der Seele – geöffnetes »Drittes Auge« – Einsicht, erweiterte Wahrnehmung – Wissen um das Böse in sich selbst.

Ein Baumstamm (Symbol des Lebens) ragt wie eine phallische Säule in den Himmel, darum herum ist mit dem Ring der Körper der Himmelsgöttin Nut angedeu-tet: Verschmelzung der männlichen, schöpferischen Kraft mit der hingebenden Kraft des Weiblichen.

Zwei durchsichtige Hoden mit Samen in Form mensch-licher Wesen, die nach oben streben: Die Idee zukünfti-ger Entwicklungen, die in der Tiefe auf ihre Verwirk-lichung wartet, um das Leben zu bewahren.

Stab mit Sonnenzeichen, der in die Erde reicht: Die himmlische Kraft, die aus der Tiefe (aus dem Dunklen) herauswächst.

ALLGEMEIN

Willenlos in Leidenschaft und Abhängigkeit gefangen sein – sich nicht entscheiden können – triebhaft und gegen die eigene Überzeugung handeln – moralisch nicht gefestigt sein und Scheinheiligkeit – Gier nach materiel-len Werten, Macht und Sex – der gehörnte Ehemann –

Depression, Sucht, Rausch und schwarze Magie; **aber auch:** sich Abhängigkeiten bewusst machen – höhere Einsicht, Gelassenheit und Weisheit – die Triebe als kreative Kraft ausleben.

BEZIEHUNG

Triebhafte Beziehung mit subtilen Macht- und Abhängigkeitsstrukturen – sich bei Konflikten als Opfer fühlen (»Ich bin schuld!«) – dem anderen jene Schwächen vorhalten, die man bei sich selbst verdrängt hat – wilde Leidenschaft und sexuelle Abhängigkeit – Versuchung und Verführung; **aber auch:** lähmenden Druck der Abhängigkeiten wahrnehmen und einen Befreiungsversuch machen.

BERUF

Unsaubere Geschäfte oder zweifelhaftes Verhalten, um Geld oder Macht zu erlangen – den Arbeitsalltag mit seinen aufreibenden Nichtigkeiten aggressiv oder willenlos erleben – nichts will so recht gelingen – auf einen Schwindel hereinfallen – auf Gedeih und Verderb von Kollegen abhängig sein, **aber auch:** Machenschaften durchschauen und sich wieder auf seine eigenen Prinzipien besinnen – Machtpositionen abklären.

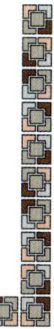

XVI – Der Turm

SYMBOLE

Ein massiger Turm, der in den Himmel ragt: Gefängnis, aber auch Schutz – verhärtete Gefühle, verkrustetes Geistes- und Seelenleben – sich an materielle Sicherheiten klammern und alles Unberechenbare und Unfassbare kontrollieren wollen.

Gewaltige Feuerzungen aus dem Riesenmaul eines Ungeheuers und Blitze, die den Turm bersten lassen: unbändige Energie, die alles ins Wanken geraten lässt – zerstörerische und reinigende Kraft des Feuers (Gewitter).

Eckige, (un)menschliche Gestalten, die vom Turm in die Tiefe fallen: ins Schleudern geraten – ein verkrampfter Körper als Ausdruck einer gefangenen Seele – Zusammenbruch als Chance zu Neubeginn und Heilung.

Das Auge Gottes, dessen Strahlen das Chaos bedecken: die göttlichen Gesetze – Selbsterkenntnis – die Wahrheit, die ans Licht kommt.

Taube mit Ölzweig: Ende der Krise – die Botschaft von Friede, Liebe und Mitgefühl.

Löwenschlange: Gleichgewicht der Gegensätze – Schutzsymbol.

ALLGEMEIN

Durch plötzliche Ereignisse und gewaltsame (unbewusst herbeigeführte), schmerzliche Veränderung ergibt sich die Chance zur Befreiung und Erkenntnis – aus einer moralischen, familiären, gesellschaftlichen, sozialen oder beruflichen Position geschleudert werden — etwas »fällt wie Schuppen von den Augen« — Geistesblitz — Unfall, Verlust und Katastrophen als Schicksalsschläge erleben, die den vertrauten Alltag erschüttern und zur Neuorientierung zwingen; **aber auch:** sich wie neugeboren, erlöst und befreit fühlen oder — der gebrochene Mensch — Angst unterzugehen.

BEZIEHUNG

Erschütternde Veränderung — heftiger Streit und Gefühls- ausbrüche wirken wie ein reinigendes Gewitter — die »Beziehungskiste« ist zu eng geworden und wird gesprengt — eine Trennung kann schmerzlich sein, aber die Chance eröffnen, befreiter zu leben oder auf dem Trümmerhaufen der Vergangenheit die alte Verbindung neu zu ordnen und zu beleben; **aber auch:** mutwillige zerstörerische Attacken — nicht wahrhaben wollen, dass alles zerbricht.

BERUF

Die Bedrohung einer gesicherten Existenz (z.B. durch geplatzte Geschäfte, Kündigung, Konkurs, Umstrukturie- rung) löst große Angst und Selbstzweifel aus — Verände- rungen verursachen Chaos, aus dem sich bald neue Ordnung zeigt; **aber auch:** neue Wege finden und unge- ahnte Kräfte freisetzen oder »kein Stein bleibt auf dem anderen«.

XVII – Der Stern

SYMBOLE

Eine blaue, nackte Sternengöttin: aus Sehnsucht nach vollkommenem Leben und ewiger Liebe nach Erneuerung streben – der Mensch als Ebenbild Gottes.

Sie gießt aus zwei Kelchen die Wasser des Lebens über sich selbst und auf den Boden: Inspiration – Visionen – fruchtbare Energie – unbegrenzte Vielfalt des Lebens und der Selbstentfaltung.

Kristalle auf dem Boden: klare Vorstellungen – Erfüllung von Träumen und Hoffnungen.

Langes, wallendes Haar: in einer Traumwelt leben, mit ständiger Sehnsucht nach Erfüllung dieser Träume.

Großer Stern, der sich auf der Kugel und in den Wassern spiegelt: Liebe zu sich selbst, zu den Menschen und zu Gott.

Erdkugel: irdisches Werden und Vergehen – Sehnsucht nach Grenzenlosigkeit und Unsterblichkeit.

ALLGEMEIN

Tiefe Sehnsüchte, Wünsche und Hoffnungen – voller Urvertrauen und guter Hoffnung sein Leben bejahen – aus der Quelle der unendlichen kosmischen Energie schöpfen und dies als Segen, Glück und Heilung erfahren – durch glückliche Fügung und voller Energie eigene Wünsche und Träume verwirklichen – alles geht leicht von der Hand – Glücksstern – Sternstunde; **aber auch:** verträumt in der Zukunft leben (»Wenn das erst einmal geschafft ist, dann ...«) – enttäuscht werden und Hoffnungen und Vertrauen verlieren – Vorhaben steht unter keinem guten Stern.

BEZIEHUNG

Eine bestehende Beziehung oder eine neue Begegnung steht unter einem guten Stern – im tiefe Liebe eintauchen und die Gefühle strömen lassen – Sehnsüchte und Hoffnungen erfüllen sich, ein Traum wird wahr, neue Perspektiven, die weit in die Zukunft reichen, tun sich auf – mit Leichtigkeit eine Eroberung machen – tiefe Sehnsüchte nach Verschmelzung stillen; **aber auch:** völlig verträumt in einer Beziehung leben und sich Illusionen machen – sich gegen tiefe Gefühle wehren.

BERUF

Erfolg durch schöpferische Energie, Vertrauen in gutes Gelingen und glückliche Fügung – Beginn einer hoffnungsvollen Aufgabe, die für sich selbst und andere weitreichende Konsequenzen hat – tiefe Einsichten erweitern den Gesichtskreis, führen zu Besonnenheit und wecken Vertrauen in die eigenen Fähigkeiten – Wünsche nach Verbesserungen im Arbeitsbereich erfüllen sich; **aber auch:** nicht voll und ganz bei der Sache sein – gutgläubig und verschwenderisch mit seinen Energien sein und sich ausnutzen lassen.

XVIII – Der Mond

SYMBOLE

Abnehmende, nach unten gerichtete Mondsichel, vor die sich die Schwingungen der Unterwelt schieben: in die Tiefen der Seele tauchen – tiefsitzende Ängste – Geheimnisse und Verführungen.

Zwei mächtige, schwarze Türme: Abwehr zerstörerischer Ängste, sicherer Schutz der Seele – aber auch Hindernisse, um zum eigenen Inneren zu finden.

Zwei schakalköpfige Gestalten mit Hunden: beschützende, hilfreiche Kraft, die Angst zu überwinden – aber auch Gefahr, in einen Abgrund zu fallen, wenn die Angst nicht überwunden wird.

Der Durchgang zwischen den Türmen ist bewacht: Der Weg zur eigenen Ganzheit ist mit Prüfungen, aber auch mit hilfreicher Fügung gepflastert – schmerzhaftes Loslösen und Loslassen.

Die Unterwelt mit den Wassern des Lebens und dem Skarabäus, dem heiligen Käfer, der als Lichtbringer die Sonne zwischen den Zangen trägt: aus der Tiefe des Unbewussten zu bewusster Existenz aufsteigen – Entwicklung zur ungeschmälerten Ganzheit des Selbst, allen Hindernissen zum Trotz.

ALLGEMEIN

Den unendlichen Weg in die Tiefe der Seele beschreiten, um die eigene Wahrheit zu suchen – Abgründe im Unbewussten tun sich auf, jedoch Schutz und Gnade finden — unerklärbare, tiefe Ängste und deren Überwindung — Verunsicherung und Verwirrung — Illusionen, Märchen, lebhafte Phantasien und Träumereien, realitätsfremd sein — Zugang zu Träumen — Trauerarbeit — Sentimentalität; **aber auch:** drückende Alpträume und schlaflose Nächte — Phobien — sich etwas vormachen — das Unbewusste verleugnen — Angst, Wut und Trauer nicht zulassen.

BEZIEHUNG

Eine tiefere Ebene in der Beziehung finden — unbewusste Beziehungsmuster werden klarer — Wechselhaftigkeit und Launenhaftigkeit — sich vom Partner magnetisch angezogen und dann wieder zurückgewiesen fühlen — liebevolles Verstehen wird von verletzenden Racheakten untergraben — Träumereien — Spielereien; **aber auch:** Eifersucht — sich und dem anderen etwas vorgaukeln — unstillbare Sehnsüchte.

BERUF

Unsichere Position durch Realitätsfremde — Versagensängste sind meist unbegründet — sich nicht entscheiden können — sich für Fremdes und andere Welten interessieren — unkonventionelle Sichtweisen, mit Feingefühl und Kreativität aus seinen Ängsten lernen; **aber auch:** Phantastereien und Größenwahn — sich unter Druck setzen und nicht auf sich vertrauen.

XIX – Die Sonne

Eine strahlende Sonne, mit voll aufgeblühter Rose im Zentrum: schöpferische Lebenskraft (männliches Prinzip: Sonne), die alle Lebensbereiche erhellt und durchdringt, verbindet sich mit hingebender Kraft (weibliches Prinzip: Rose) – Vereinigung von Gegensätzen.

Tanzendes Paar von Zwillingskindern mit Schmetterlingsflügeln: erwachende Lebenskraft, Freude, Spontaneität und Unschuld – wachsende Reife – sich mit den zwei Seiten im eigenen Inneren versöhnen – Einklang von Seele und Geist.

Grüner Berg, dessen Spitze (das Paradies) von einer Mauer umgrenzt ist: Der Bereich der göttlichen Einheit kann erst nach weiteren Entwicklungen erreicht werden.

Ellipse mit den zwölf Tierkreiszeichen: Symbol der Ganzheit – ständiger Austausch zwischen Bewusstem und Unbewusstem.

Zwei Siegel mit Rose und Kreuz: göttliches Gesetz auf Erden.

ALLGEMEIN

Große lebensbejahende Kraft, seinem Wesen Ausdruck verleihen – seine eigene Persönlichkeit entfalten und Selbstvertrauen gewinnen – Freude, Frische, Heiterkeit, Lebendigkeit und Tatkraft – versöhnlicher Großmut und Herzenswärme – sich jung fühlen und die Sonnenseiten des Lebens genießen, Erfolg haben; **aber auch:** Selbstbetrug

– alles durch die rosarote Brille sehen, verblendet sein –
Angeberei oder ein Schattendasein führen – Leichtsinn
und Oberflächlichkeit.

BEZIEHUNG
Im Partner die optimale Ergänzung finden – Unechtes
und Zwänge ans Licht bringen und sich davon befreien
– das Leben in der Beziehung bejahen und genießen –
sich und den anderen großzügig verwöhnen – Offenheit,
Versöhnung und tiefes Vertrauen – Unternehmungslust;
aber auch: Konkurrenzen in Partnerschaft oder Familie
– der Schein trügt – sich auseinander leben.

BERUF
Optimismus, Erfolg, gute Aussichten, glücklicher Neubeginn – sich den Aufgaben gewachsen fühlen und das
Vertrauen anderer besitzen – freudige Schaffenskraft und
gute Ideen – selbstbewusst und versöhnlich alte Konflikte
beenden und ein gutes Team bilden – blühende Geschäfte;
aber auch: etwas ist nicht klar und deutlich – trübe
Aussichten – »viel Arbeit und wenig Brot«.

XX – Der ÆON

SYMBOLE

Der blaue Körper der Himmelsgöttin Nut umwölbt das strahlende Himmelsei: Die große Mutter gebiert den neuen Aeon (die neue Zeit).

Ihr Gatte, der Erdgott Hadit, erscheint als feurige, geflügelte Kugel: unerschöpfliche Energie.

Der Gott Horus erscheint als Doppelgottheit mit zwei Aspekten.

Horus der Ältere als sonnengekrönter Falkengott, mit dem sich die ägyptischen Pharaone identifizierten: nach außen gerichtete, alte Macht und Kraft.

Das Horuskind mit Locke und geflügelten Schlangen verkörpert das neue Zeitalter: junge und unverbrauchte, weise, beschützende und helfende Kraft – Überwindung von Not, Finsternis, Unwissenheit und Tod.

Der Gott hält den Zeigefinger an den Mund: Schweigen und Stille.

Hebräischer Buchstabe Shin in Form einer dreizackigen Blüte mit Staubgefäßen, in denen menschliche Gestalten ruhen: Entfaltung von Körper, Geist und Seele.

ALLGEMEIN

Zeitliche Wandlung und Entwicklung – die Zeichen der Zeit verstehen – Ahnungen verwirklichen sich – spirituelle Erfahrung und Sinnfindung – Einsicht in größere Zusammenhänge und Urteilsfähigkeit – sich von der Ichbezogenheit lösen und mehr für die Gemeinschaft leben – sich reifer und erwachsener fühlen – verborgene Fähigkeiten entdecken und entfalten – Vertrauen in die Zukunft – ein neuer Lebensabschnitt hat begonnen; **aber auch:** nichts aus Erfahrungen lernen – nicht zeitgemäßes Denken und Handeln.

BEZIEHUNG

Ein Wandel hat sich vollzogen – alte Vorstellungen von Liebe, Partnerschaft und Familie aufgeben und neue befreiende Wege gehen – tiefe Gewissheit, sich für den richtigen Lebensgefährten entschieden zu haben – sich in Ruhe und Gelassenheit dem liebevollen Miteinander widmen – ehrlich Empfindungen äußern – Schwächen nicht bewerten und verurteilen, sondern annehmen; **aber auch:** äußere Wandlung wird innerlich nicht mitgetragen oder umgekehrt – sich auseinander leben.

BERUF

Erfreuliche Wandlung und neue Entwicklungen – einen »guten Riecher« haben und Zukünftiges gut einschätzen können – Zusammenhänge werden klarer und ermöglichen ein neues Denken; **aber auch:** den Anschluss an neue Entwicklungen verpasst haben – den Bezug zur Realität verlieren und in höheren Sphären schweben.

XXI – Das Universum

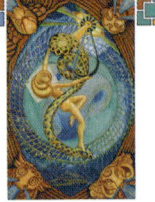

SYMBOLE

Eine nackte, jungfräuliche Göttin, die mit der Schlange tanzt: sich mit den eigenen Schattenseiten versöhnen – das Ziel als den Anfang des Weges erkennen, der wiederum die Erfahrung des Ziels in sich birgt (Vergangenheit und Zukunft sind gleich und werden nur durch die Zeit getrennt).

Ring aus Sternen: die Unendlichkeit der Galaxien, der Wege und Räume.

Schlinge im Kreisinneren: unendliche Schöpfungsenergie, die sich immer wieder neue Formen gibt – was entsteht, muss auch wieder vergehen.

Das Auge Shivas (des Gottes, der in ekstatischem Tanz die Welt zerstört, damit sie neu erschaffen werden kann): die unwandelbaren Gesetze des Kosmos.

Vier Cherubinen, die das Wasser des Lebens speien: Die Verwirrung, die Dunkelheit und die erstarrten Prinzipien der alten Welt werden überwunden.

Skizze eines Tempels: Plan und Struktur der Schöpfung.

ALLGEMEIN

In seiner eigenen Mitte ruhen, sich dort zu Hause fühlen – sich frei und ausgeglichen fühlen – seinen Platz in der Welt und im Leben gefunden haben, der für diesen Moment richtig ist – im Einklang mit den kosmischen Gesetzen sein und den Alltag meistern – Ende (das Ziel) und Anfang einer Entwicklung auf dem Weg der nach oben gewundenen Lebensspirale – innerlich (auch äußerlich) auf Reisen gehen; **aber auch:** sich selbst für den Mittelpunkt des Universums halten – seinen Platz nicht finden und sein Fähnchen nach dem Wind drehen.

BEZIEHUNG

Im Einklang mit sich und dem anderen sein – großes Glück empfinden und ohne Vorbehalte lieben können – sich ganz beim anderen zu Hause fühlen – gemeinsame Pläne und Vorhaben sind von innerem und äußerem Erfolg gekrönt; **aber auch:** nicht wirklich seinen Platz in Partnerschaft oder Familie gefunden haben – sich längerfristig nicht festlegen wollen.

BERUF

Die Gewissheit haben, am richtigen Platz zu stehen – Tätigkeit und Anforderungen entsprechen den eigenen Fähigkeiten und den inneren Zielvorstellungen – in der Arbeitswelt erfolgreich sein – weitläufige berufliche Kontakte pflegen; **aber auch:** durch Störungen und Verunsicherung die gute Atmosphäre am Arbeitsplatz einbüßen – kein guter Ausgleich von Arbeits- und Geldenergie.

Die Deutung
der Kleinen Arkana

Stäbe

Kelche

Schwerter

Scheiben

Ass der Stäbe

Ein starker Stab, aus dem gelbrote Flammen züngeln: kreative, feurige Kraft – innere Schöpferkraft – Streben nach Selbstverwirklichung.
Blitze im Hintergrund: die zerstörende Energie des Feuers, die bei Übermut und Übertreibung alles vernichten kann.

ALLGEMEIN
Mut – Kraft – Unternehmungsgeist – Chance zur Selbstentfaltung – Willenskraft; **aber auch:** die Gefahr, über das Ziel hinauszuschießen – Selbstüberschätzung.

BEZIEHUNG
Feurige, leidenschaftliche Beziehung – lebendige Sexualität – Chance, die Beziehung neu zu beleben.

BERUF
Mit Mut und Entschlossenheit kann die Chance zu einer wichtigen beruflichen Weiterentwicklung genutzt werden.

Zwei Stäbe
Herrschaft

SYMBOLE

Zwei gekreuzte, tibetische Ritualkeile (Dorjes): göttliche Kraft der Zerstörung, die sich sowohl auf das Böse als auch auf das Gute richten kann – Phallussymbol als zeugende und zerstörerische Kraft der Sexualität.

Zwei dämonische Masken: Angst und ihre Überwindung.

Schlangenpaar: tötendes und heilendes Gift – Zerstörung und Erneuerung.

Sechs Flammenzungen: Energie und Kraft; **aber auch:** zerstörerische Leidenschaft.

ALLGEMEIN

Bestimmender Wille – »mit dem Kopf durch die Wand gehen« – Gewalt – kreative Auseinandersetzung – Streitlust.

BEZIEHUNG

Rücksichtsloser Durchsetzungswille – Lust zu erobern und zu beherrschen.

BERUF

Alle Konkurrenten übertrumpfen wollen – tatkräftige Unternehmungen – »Wo gehobelt wird, da fliegen auch Späne.«

Drei Stäbe
Tugend

SYMBOLE
Drei gekreuzte, erblühende Lotusstäbe: Erwachen zum äußeren Leben — der Keim, der wächst, blüht und gedeiht. **Feuerstern am Kreuzungspunkt:** inneres Erwachen, schöpferische Energie.

ALLGEMEIN
Entfaltung — Körper, Geist und Seele befinden sich im Einklang — Tatkraft — Selbstvertrauen — Neubeginn — Erfolg.

BEZIEHUNG
Lebendige, harmonische Partnerschaft — Vertrauen in sich und in den anderen — glückliche Zeiten — aussichtsreiche, neue Verbindung.

BERUF
Die Basis ist geschaffen, auf der neue Kontakte entstehen und aussichtsreiche Vorhaben beginnen können.

Vier Stäbe
Vollendung

SYMBOLE

Vier gekreuzte Stäbe und achtarmige Flammensonne: menschliches Streben zum Göttlichen hin.

Widderkopf und Taube an den Stabspitzen: Harmonie zwischen den Geschlechtern, Ausgleich der Kräfte.

Die Enden der Stäbe berühren den Kreis: Vollendung und Begrenzung der schöpferischen Tat – der Kreis schließt sich, die Gegensätze finden zusammen.

ALLGEMEIN

Stabilität – tiefe innere Einsichten – äußere Ordnung – gesteigerte Lebensfreude.

BEZIEHUNG

Große Harmonie und seelische Ergänzung mit dem Partner – konstruktive Lösung offener Fragen in der Partnerschaft – unbeschwertes Knüpfen neuer Kontakte.

BERUF

Der Lohn eigener Arbeit wird sichtbar – neue Aufgabenstellung – neue Fortschritte.

Fünf Stäbe
Streben

SYMBOLE

Aufrecht stehender Stab mit geflügeltem Sonnensymbol der alten Ägypter: Ausdruck höchster Macht.

Zwei sich kreuzende Stäbe mit Phönixköpfen, die sich voneinander abwenden: Läuterung durch das Feuer – Wiederauferstehung.

Zwei sich kreuzende Stäbe mit Lotusblüte: schöpferische Energie.

ALLGEMEIN

Kräftemessen – Streit – pubertäre Rauflust – Gerangel – Ehrgeiz – Anstrengung – Bewusstwerden der eigenen Fähigkeiten.

BEZIEHUNG

Anstrengende Reibereien, die zu Krisen, aber auch zu konstruktiven Lösungen führen können – Bedrängung des Partners hat zur Folge, dass dieser sich zurückzieht.

BERUF

Widerstände sind zu erwarten – Herausforderungen können am besten auf sportlich spielerische Art und Weise gemeistert werden.

Sechs Stäbe
Sieg

SYMBOLE

In harmonischer Weise miteinander gekreuzte Stäbe, an deren Schnittpunkten neun Flammen brennen: stabilisierte, fließende Energie — Durchbruch zu glorreichem Sieg.

Drei Symbolpaare an den Stabspitzen, die sich gegenseitig verstärken: Geflügelte Sonnenscheiben mit Schlangen — Neuschöpfung; zueinander geneigte Phönixhäupter — Wiedergeburt; Lotusblüten — Liebe.

ALLGEMEIN

Fairer Sieg — gute Neuigkeiten — schöpferische Kraft — lebensbejahende Energie — Zuversicht — der Einsatz hat sich gelohnt.

BEZIEHUNG

Aus Konflikten und Kämpfen wird ein beglückendes Miteinander — Aussicht auf eine wunderschöne Partnerschaft.

BERUF

Triumph — öffentliche Anerkennung — Beförderung — nicht alltäglicher Erfolg.

Sieben Stäbe
Tapferkeit

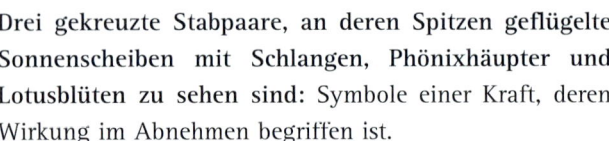

SYMBOLE

Drei gekreuzte Stabpaare, an deren Spitzen geflügelte Sonnenscheiben mit Schlangen, Phönixhäupter und Lotusblüten zu sehen sind: Symbole einer Kraft, deren Wirkung im Abnehmen begriffen ist.

Im Vordergrund senkrecht stehende Keule: Waffe des Helden, der auf sich allein gestellt mutig den Sieg erringen muss.

Violetter Hintergrund: Farbe des Krieges.

ALLGEMEIN

Mit Mut und Tapferkeit sich gegen ein schweres Schicksal wehren – Risikobereitschaft – erhebliche Schwierigkeiten, wie z. B. Neid und Missgunst anderer, die aber doch mit Erfolg gemeistert werden können – Ehrlichkeit – Selbstbewusstsein.

BEZIEHUNG

Bedrohliche Konflikte (oftmals durch Rivalen), die am besten mit Besonnenheit und Klugheit bewältigt werden können – Streit – klar Stellung beziehen.

BERUF

Harter Konkurrenzkampf – Angriff auf die Stellung, die man innehat, und den eigenen guten Ruf; dem kann durch Mut und Standfestigkeit begegnet werden.

Acht Stäbe
Schnelligkeit

SYMBOLE

Acht Blitze: Geistesblitze – Streben und Sehnsucht nach Freiheit – den Ablauf der Dinge erkennen.

Regenbogenfarbener Kristall: Symbol der Ganzheit (der alles überspannende Regenbogen) – Überwindung von Hindernissen – Abschluss einer Entwicklung.

ALLGEMEIN

Spontaneität – plötzlich Klarheit über die Dinge gewinnen (»Mir geht ein Licht auf!«) – Fortschritt – eine gute Nachricht – spontane Veränderung starrer Haltungen oder festgefahrener Situationen.

BEZIEHUNG

»Es hat gefunkt!« – neue Liebe; eine leidenschaftliche Zeit kündigt sich an – plötzliche, erfreuliche Entwicklungen helfen eingefahrene Verhaltensmuster überwinden.

BERUF

Schöpferische und ideenreiche Aufgabenbewältigung bringt überraschenden Erfolg und Anerkennung.

Neun Stäbe
Stärke

SYMBOLE

Acht sich kreuzende Pfeile mit den Spitzen nach unten: Stärke, die aus dem Inneren erwächst – die Intuition erwacht.

Ein senkrechter Stab in der Mitte verbindet Sonne und Mond: der Wille, sich schöpferisch zu entfalten, sich selbst zu verwirklichen und tiefen inneren Gefühlen nachzuspüren.

ALLGEMEIN

Bewusstes Wollen verbindet sich mit unbewusstem Streben – Stärke – schlummernde Kräfte erwachen – Unsicherheit.

BEZIEHUNG

Männliche und weibliche Kräfte verbinden sich und stärken die Partnerschaft – eine neue Begegnung.

BERUF

Veränderung im Arbeitsbereich durch überzeugende Ausdruckskraft und Stabilität – keine schwerwiegenden Konflikte.

Zehn Stäbe
Unterdrückung

SYMBOLE

Zwei tibetische Ritualkeile stehen nebeneinander: Abwehrwaffen – starre Strategien und Strukturen im Alltag.

Acht flammende Stäbe im Hintergrund: Die feurige Energie wird von den Keilen blockiert, lodert im Untergrund.

ALLGEMEIN

Lebensangst – sich an starre Prinzipien und moralische Vorstellungen klammern – Aggressionen – Depression – Krankheit – Triebprobleme, die auf die Unterdrückung aggressiver Impulse zurückgehen – Trennung – Recht und Ordnung.

BEZIEHUNG

Starre, leblose Verbindung – bedrückendes Alleinsein – Aggressionen werden nicht ausgelebt, jeder zieht sich in sein »Revier« zurück.

BERUF

Sich den anstehenden Aufgaben nicht gewachsen fühlen – Stress – mangelnde Perspektiven – Prüfungsangst.

Prinzessin der Stäbe

SYMBOLE

Eine nackte Frau, die in einer mächtigen Flamme tanzt: verführerische »Priesterin des Feuers« – sexuelle Begierden ohne seelische Anteilnahme – Unruhe und Verstrickung – »Feuer und Flamme« sein, so schnell für das eine wie für das andere.

Überdimensionale Fühler als Kopfbedeckung: feines Gespür für Gerechtigkeit.

Stürzender Tiger: Ängste hinter sich lassen.

Altar mit Widderköpfen: Sie schürt auf ihm das Feuer des Frühlings und der Frühlingsgefühle.

Sonnenstab: Lebenskraft und flammende Energie.

ALLGEMEIN

Leidenschaftliche, unbekümmerte, rastlose junge Frau – Abenteuerlust – mitreißende Impulsivität – Lebensfreude – äußerer Glanz und innere Unsicherheit – Befreiung von Ängsten.

BEZIEHUNG

Verführung durch Triebe – Freude am Sex – sich nicht wirklich binden können – leidenschaftliches Werben – Fremdgehen.

BERUF

Vage Unzufriedenheit – gute Gelegenheit, neue Aufgaben zu übernehmen – interessanter, lebendiger Alltag.

Prinz der Stäbe

SYMBOLE

Ein auf seinem Streitwagen sitzender, nackter junger Krieger mit Strahlenkrone: Beginn einer neuen Phase, in der Ideen mit großer Willenskraft in die Tat umgesetzt werden – das Herz öffnet sich – Drang zum Licht.

Geflügeltes Löwenhaupt und gezügelter Löwe: das »Tier« in sich selbst beherrschen, mit den eigenen Trieben umgehen lernen.

Phönixstab: Läuterung durch das Feuer und Wiederauferstehung aus der Asche.

Feuermantel: positive Energie, intuitive Kreativität.

ALLGEMEIN

Begeisterungsfähiger, leicht erregbarer und oft aufbrausender junger Mann – Optimismus – Selbstvertrauen – Erlebnishunger – Ungeduld – Sturm und Drang – Entdecken neuer Lebensbereiche – Vertrauen in die eigene Wahrnehmung – Wärme.

BEZIEHUNG

Heiße Liebe – temperamentvolle Auseinandersetzung, aber auch unberechenbare und launische Stimmungen, die verunsichern können – auf gemeinsamen Unternehmungen kann der Prinz ein wertvoller Kampfgefährte werden.

BERUF

Risikofreude – Überzeugungsfähigkeit – Unternehmungsgeist, jedoch mit wenig Ausdauer und Geduld – sowohl betont hektische, aggressive als auch kreative, von Warmherzigkeit durchdrungene Atmosphäre.

Königin der Stäbe

SYMBOLE
Eine auf einem Flammenthron sitzende Königin: »Mutter der Triebe«.
Ihre Augen sind geschlossen: Meditation – Entdecken der inneren Welt.
Strahlenkrone mit geflügeltem Löwenhaupt: kreative Kraft des Schöpferwillens – erweiterte Wahrnehmung.
Leopard: Instinkte und Triebe, die die Königin sanft in ihre Gefühlswelt einbezieht.
Stab mit Pinienzapfen: spirituelles Wachstum.

ALLGEMEIN
Selbstbewusste, temperamentvolle, lebenslustige, reife Frau – Stolz – Willensstärke – leidenschaftliche, impulsive Gefühlswelt und aktives Liebesleben – Lebenshunger; **aber auch:** Egoismus und Rücksichtslosigkeit.
BEZIEHUNG
Liebevolles Annehmen des Partners bei gleichzeitiger Fähigkeit, sich durchzusetzen und zu behaupten – reife Liebe – lustvolles, leidenschaftliches Miteinander.
BERUF
Fähigkeit und Reife zu größeren Aufgaben – Wunsch nach mehr Unabhängigkeit.

Ritter der Stäbe

SYMBOLE

Vorwärts stürmender Ritter mit Flammenmantel, der mit seinem Pferd auf den Flammen reitet: feurige Kraft – Schöpfergeist – Inbegriff der Lebensbejahung und der Freude an Reichtum, Macht und Größe – sein Schicksal in die eigenen Hände nehmen.

Die Fackel in seiner Linken: mit Energie und Kreativität neue Sichtweisen vermitteln.

Das Pferd mit dem Horn eines Einhorns: Selbstkontrolle und entschlossenes Handeln.

ALLGEMEIN

Willensstarker, großmütiger, kluger, reifer Mann mit Führungsanspruch – Unternehmungsgeist – Bewusstmachen und Annehmen eigener Schwächen und Unvollkommenheiten – Ehrgefühl und Stolz – temperamentvoll und warmherzig sein; **aber auch:** Selbstüberschätzung, Herrschsucht und Intoleranz.

BEZIEHUNG

Wärme, Großzügigkeit und ehrliches Engagement – Suche nach einem gleichwertigen Partner – Glücksritter.

BERUF

Mann mit loyalem Führungs- und Arbeitsstil – Organisationstalent – treibende, mitreißende Kraft, die aber auch zu Nachlässigkeit und Fehlplanung führen kann.

Ass der Kelche

SYMBOLE

Ein blauer Kelch, oben von einem Energiefeld, unten von sich ergießendem Wasser umgeben: der heilige Gral, das höchste erreichbare Gut – Gefäß der Liebe und Empfänglichkeit.

Weißer Lichtstrahl, der von oben in den Kelch einströmt: Energie – Schöpferwille, der in der Tiefe des Herzens (Kelch) wirkt.

Das sich ergießende Wasser: das Gefühl des Herzens, die in den Kosmos strömende Liebe.

Weißer Lotus, aus dem der Kelch herauswächst: gebende Liebe, die den Kelch (Symbol des Herzens) von innen mit den Wassern des Lebens speist.

ALLGEMEIN

Glückskarte – Chance, tiefe innere Erfüllung zu finden – Liebe als Selbstliebe, Nächstenliebe, Elternliebe, sinnlich erotische Liebe, Liebe zu Gott – tiefes Urvertrauen – Freude – müheloses Geben und Nehmen.

BEZIEHUNG

Die Liebe kann sich voll und ganz entfalten – liebevolle Offenheit – Chance, neue Dimensionen des Herzens zu entdecken, die zu tiefster Erfüllung führen.

BERUF

Chance, den Weg der eigenen Berufung zu entdecken und einzuschlagen – tiefe Zufriedenheit im Arbeitsbereich.

Zwei Kelche
Liebe

SYMBOLE

Zwei überfließende Kelche: überströmender emotionaler Reichtum.

Zwei in sich verschlungene Delphine: Anziehungskraft zwischen Mann und Frau in vollendeter Harmonie.

Zwei Lotusblüten, aus denen die Wasser des Lebens in die Kelche fließen: gebende und empfangende Liebe.

Blauer Himmel: befreite und klare Gedanken.

Ruhiges, goldgrünes Wasser: tiefer Friede – Kräfte der Erneuerung durchdringen die Gefühle.

ALLGEMEIN

Glückliche Begegnung (im Alltag, auf Reisen, im Liebesleben) – Liebe – Freundschaft.

BEZIEHUNG

Liebevoller Umgang mit dem Partner – Versöhnung nach einem Streit – Flirt – sich in eine neue Bekanntschaft verlieben.

BERUF

Freundliche, offene Atmosphäre im Arbeitsbereich – gute Zusammenarbeit – bei beruflicher Veränderung positive Begegnung mit einem wohlgesinnten Menschen.

Drei Kelche
Fülle

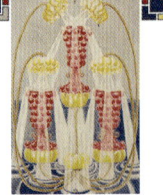

SYMBOLE
Drei überfließende Kelche, mit Granatäpfeln besetzt:
außergewöhnliche Freude und Liebe – Fruchtbarkeit.
Goldene Lotusblüten tragen und füllen die Kelche: über-
strömende Gefühle.
Tiefblaues Wasser: spiritueller Urquell der Fruchtbarkeit.

ALLGEMEIN
Hülle und Fülle – Freude – Unbeschwertheit – Dankbarkeit
– Gesundheit – Freudenfest nach Abschluss einer gelun-
genen Entwicklung.

BEZIEHUNG
Empfängnis – innerer Zuwachs des Liebesglücks –
Glanzpunkte der Partnerschaft, die mit Freude und
Dankbarkeit erlebt werden.

BERUF
Wesentliches ist geschafft – die Geschäfte laufen gut –
die Prüfung ist bestanden – es gibt Grund zum Feiern.

Vier Kelche
Üppigkeit

SYMBOLE

Vier symmetrisch angeordnete Kelche, die die Wasser des Lebens empfangen, sie jedoch nicht mehr an die See abgeben: Reichtum der Gefühle, aber auch Gefahr der Stagnation.

Rosaroter Lotus mit einem vielfach verschlungenen Stiel: die empfangene Liebe.

Grauer Himmel und unruhiges Wasser: Gefahr des maßlosen Eigenlebens der Gefühle.

ALLGEMEIN

Fürsorge, auch besitzergeifende Zuneigung – emotionale Sicherheit – Leidenschaft macht Angst.

BEZIEHUNG

Stabile, inhaltsreiche Beziehung, die durch ein Übermaß an Fürsorge eingeschränkt werden könnte – häusliche Geborgenheit.

BERUF

Der Höhepunkt ist überschritten – auf den eigenen Lorbeeren ausruhen, was zu Routine und Langeweile führen kann.

Fünf Kelche
Enttäuschung

SYMBOLE

Fünf leere kristallene Kelche: Enttäuschung nach Selbsttäuschung – Niedergeschlagenheit – Kümmernis – Verhärtung der Gefühle.

Ausgetrocknete See: Die Wasser des Lebens sind versiegt.

Zwei welkende Lotusblüten: Die Liebe erstirbt.

Die Lotusstängel bilden ein umgekehrtes Pentagramm: Sieg des Schlechten über das Gute.

Lotuswurzel in Form eines Schmetterlings: Aussicht auf Entwicklung – Verwandlung (»von der Raupe zum Schmetterling«).

ALLGEMEIN

Trauer, Schmerz durch leichtfertiges Verhalten – Unglück und Zerstörung werden heraufbeschworen – »vertrocknete« Gefühle – Enttäuschung als Folge eines Erkenntnisprozesses – gärende Fäulnis mit nachfolgender Verwandlung.

BEZIEHUNG

Verzweiflung, aber auch neue Hoffnung aus dem Unbewussten – alte Wunden brechen auf – alte Leidens- und Verhaltensmuster werden wach und können in Frage gestellt werden.

BERUF

Schmerz und Enttäuschung über ein gescheitertes Projekt – bittere Erfahrung mit Arbeitskollegen – Überprüfen der eigenen Grundsätze und Ziele.

Sechs Kelche
Genuss

SYMBOLE

Sechs gefüllte, jedoch nicht überfließende Kupferkelche: Die Wasser des Lebens strömen wieder – innere Heilung – wertvolle innere Erfahrung.

Gelborangene Lotusblüten erblühen über den Kelchen und füllen sie: neu erwachte Vitalität.

Gruppierung der Lotusstängel in einer Tanzbewegung: Harmonie ohne Anstrengung, Freude ohne Mühe.

ALLGEMEIN

Lebensfreude – Genuss – seelische Kraft – »Ich fühle mich wie neugeboren! – Erinnerungen – die Dinge nehmen ihren Lauf.

BEZIEHUNG

Tiefes Gefühl von Geborgenheit, inniger Freude und Dankbarkeit – genussvolles Ausleben von Erotik und Sexualität.

BERUF

Tiefe Zufriedenheit und Spaß an den gestellten Aufgaben – freudiges Schaffen.

Sieben Kelche
Verderbnis

SYMBOLE

Sieben Kelche werden von ebenso vielen Tigerlilien mit giftigem Nektar gefüllt. Dieser fließt in die See und verwandelt sie in einen Morast: von innen nach außen wirkende Verderbnis — Schwäche aus Mangel an Gleichgewicht – äußerer Glanz und innere Fäulnis — im Schlamm trügerischer Freuden versinken (Drogenrausch, Alkohol).

ALLGEMEIN

Illusionen, Visionen, Phantasien aus den Abgründen der Seele — Verkennen der Wirklichkeit — Symbiosewünsche (sich wie ein Säugling nach grenzenloser Wonne in den Armen der Mutter sehnen) — Rausch als Lebens- und Weltflucht — ausschweifendes Leben, das in die Verderbnis führt.

BEZIEHUNG

Verträumte Zeiten — unerfüllte Sehnsüchte durch leidenschaftliches Verschmelzen mit dem anderen zu stillen, kann zu ernüchterndem, schmerzvollem Erwachen führen (symbiotische Beziehung).

BERUF

Luftschlösser bauen — träumen während der Arbeit — gefährliche Verführbarkeit — Aufforderung, die Erwartungen herunterzuschrauben und sich auf das Machbare zu beschränken.

Acht Kelche
Trägheit

SYMBOLE

Acht Kelche, deren Henkel und Ränder beschädigt sind:
Die Energie ist verpufft – Kraftlosigkeit.

Zwei Lotusblüten füllen nur vier der Kelche mit Wasser:
Die Lebensenergie fließt nur noch spärlich und hat keine erfrischende und belebende Wirkung mehr auf die Entwicklung.

Die See ist brackig, der Dunst der Fäulnis steigt zum Himmel auf und verdunkelt das Licht, das Klarheit bewirkt: Krise und totales Scheitern, Hoffnungen zerbrechen – »dunkle Nacht der Seele«.

ALLGEMEIN

Schwermut – schmerzliche Enttäuschung – sich ausgelaugt fühlen – selbstgefällige Trägheit – Sektierertum – »in den Sumpf geraten« – Aufforderung zur Umkehr, zur Demut und zur Aufgabe alter Gewohnheiten und Vorlieben.

BEZIEHUNG

Träges, farbloses Nebeneinander – lähmende Alltagsroutine – sexuelle Gleichgültigkeit – Trennung – Abschied von verträumten Vorstellungen über den eigenen Partner (Märchenprinz, Traumfrau usw.).

BERUF

Verpestetes Arbeitsklima – sich in einer beruflichen Sackgasse befinden – jeder Versuch, die Geschäfte zu beleben, scheitert – Abschied vom Arbeitsplatz oder von hoffnungsvollen Aufgaben.

Neun Kelche
Freude

SYMBOLE
Neun von den Lotusblüten bis zum Überfließen gefüllte Kelche, die zu einem Rechteck angeordnet sind: Die wohltätigen Wasser des Lebens und der Gefühle fließen wieder, die Stabilität ist wieder hergestellt – mannigfaltiger Austausch – Freude aus tiefster Seele.

ALLGEMEIN
Zuversicht – tiefes Glück und Erfüllung – Gesundheit – das Leben unbesorgt genießen – Freude an schönen Dingen.

BEZIEHUNG
Häusliches Glück – eine warme Woge des Glücks überflutet und belebt die Beziehung – sinnliche und geistige Befriedigung.

BERUF
Große Zufriedenheit – eine glückliche Hand in Geschäften und beruflichen Angelegenheiten – Teamgeist im Kollegenkreis – herzliche Zusammenarbeit.

Zehn Kelche
Sattheit

SYMBOLE

Zehn in der Form des kabbalistischen Lebensbaums angeordnete Kelche: Man lebt mit sich und der Welt in Einklang.

Lotusblüte als Krone des Lebensbaums: Reichlich empfangene Liebe wird an andere weitergegeben.

Widderhörner als Henkel der Kelche: Festigkeit und Entschlossenheit – das Innere nach außen tragen – harmonische Ausstrahlung.

ALLGEMEIN

Erfüllung – Befriedigung – geistige Werte schätzen – wichtige Freundschaft – Großzügigkeit.

BEZIEHUNG

Echte Gefühle ohne Täuschung und Illusion – Heiratspläne – die Wogen haben sich geglättet – sich zu Hause und gut aufgehoben fühlen – liebevolle Freundschaft innerhalb und außerhalb der Beziehung dankbar erleben.

BERUF

Den Lohn eigener Arbeit erlangen – der Höhepunkt ist überschritten – Aussicht auf ein neues, interessantes Betätigungsfeld und erfreuliche Kontakte – freundschaftliche Zusammenarbeit.

Prinzessin der Kelche

SYMBOLE

Eine bezaubernde weibliche Gestalt tanzt in kühlem Licht auf einem schäumenden Meer: Erschließen der inneren Welt, der Sehnsüchte und Eintauchen in das Unbewusste – mediales Wesen, das die Wahrheit aus der Verborgenheit der inneren Welt aufsteigen lässt.

Weiße Kristalle auf dem Gewand: Klarheit, Anmut und Güte – Befreiung von Eifersucht.

Ein Schwan als Krone: Erneuerung und Freiheit.

Der Kelch mit der Schildkröte wird liebevoll gehalten: geschützte Innenwelt, die sich vorsichtig nach außen öffnet.

Weißer, voll erblühter Lotus: gebende Liebe.

Delphin mit Kristallaugen: klare Wahrnehmung und Empfindung.

ALLGEMEIN

Empfindsame, gefühlsbetonte, sanfte junge Frau (auch femininer Mann oder Kind), eine schillernde Persönlichkeit – Versöhnung – Mitgefühl – Verständnis – Schönheit – sicheres Gespür.

BEZIEHUNG

Die Liebe neu entdecken und beleben – Nähe und Vertrautheit durch einfühlsame Gesten der Versöhnung.

BERUF

Sensibles Beobachten und feines Gespür für Veränderungen und neue Perspektiven, die weiterhelfen – weiser Rat.

Prinz der Kelche

SYMBOLE

Ein nackter Krieger mit Adlerhelm: Sein Auftrag ist es, die eigenen Gefühle zu meistern.

Der Muschelwagen wird von einem Adler gezogen: Aus unerlösten Sehnsüchten und Leidenschaften führt der »höhere Wille« (Adler) zur Erkenntnis – Reifungsprozess.

Sich aus dem Kelch ringelnde Schlange: Umwandlung und Weisheit.

Nach unten hängende Lotusblüte: Die Liebe muss noch reifen.

ALLGEMEIN

Tiefgründiger, einfühlsamer, romantischer junger Mann – Herzlichkeit und Zärtlichkeit – beschützende und bewahrende Fürsorge – leidenschaftliche Triebkräfte; **aber auch:** Falschheit, Untreue und betrügerische Verführung.

BEZIEHUNG

Die Wandlung von Leidenschaften und triebhafter Sexualität in Liebe zu sich selbst und zu den Menschen – Verführung zur Schwärmerei.

BERUF

Soziales Engagement – intuitives Erkennen neuer Möglichkeiten im Arbeitsbereich, die mit Wissen und Geschick verwirklicht werden können.

Königin der Kelche

SYMBOLE

Eine geheimnisvolle Gestalt in spiralförmig aufsteigendem Licht, das ihren Kopf verschleiert: die gute Wasserfee, die im Reich der Empfindungen lebt und diese kompromisslos zeigt (Spiegelbild im Wasser).

Muschelkelch mit Krebs: weibliches, mütterliches Prinzip.

Reiher: Wachsamkeit, Besonnenheit – (Wieder-)Geburt.

Lotusblüten in der Hand und im Wasser: gebende Liebe – Schönheit.

ALLGEMEIN

Liebevolle, gütige Frau – Heilerin – Künstlerin – Quelle stetiger Inspiration – Feingefühl – Medialität – Opferbereitschaft – inneres Finden – sich den eigenen Wünschen, Ahnungen, Ängsten und Alpträumen öffnen und die seelische Empfindung verfeinern; **aber auch:** Verwirrung, Schwäche, Perversion und Täuschung.

BEZIEHUNG

Liebevolle Nähe – zärtliche Hingabe – Anlehnungsbedürfnis – Sehnsucht, mit dem anderen zu verschmelzen, was zu enttäuschter Erwartung führen kann.

BERUF

Helfende und heilende Betätigung – künstlerisches Schaffen – innere Schau der weiteren beruflichen Entwicklung.

Ritter der Kelche

SYMBOLE

Ein auf einem Pferd reitender, aufwärts strebender Mann mit mächtigen Flügeln: Streben nach Einsicht, höherem Verstehen und nach echtem Ausdruck tiefer Gefühle.

Goldener Kelch mit Krebs: Befruchtung und innere Wandlung — Versenkung, die nach außen wirkt.

Der stolze Pfau: Überwinden von Eitelkeit und Selbstgefälligkeit.

ALLGEMEIN

Gütiger, weiser Ratgeber — Heiler (Arzt, Therapeut, Seelsorger) — reifer, zärtlicher, großzügiger Mann — künstlerische Begabung; **aber auch:** weltfremde Spinnereien — Scharlatan — unzuverlässig, unehrlich, boshaft.

BEZIEHUNG

Verständnisvolles Miteinander — sich in Ängste, Sehnsüchte und Wünsche des anderen einfühlen — sich intensiv um familiäre Angelegenheiten (oder den Freundeskreis) kümmern.

BERUF

Gefühle, spontane Ideen und Wünsche in den Arbeitsalltag einbringen — voller Lust auf gestellte Aufgaben zugehen — mediale Fähigkeiten nutzen.

Ass der Schwerter

SYMBOLE

Ein mächtiges, grünes, mit der Spitze nach oben weisendes Schwert, auf dem eine Strahlenkrone sitzt: geistige, kreative Kraft, durch die Klarheit entsteht – Wille des Verstandes – Sieg der höheren Vernunft.

Griff mit zwei Mondsicheln und drei Sonnensymbolen, um den sich eine Schlange ringelt: Tiefe Gefühle aus dem Unbewussten gelangen ans Licht, werden bewusst und können mit Hilfe des Verstandes ins tägliche Leben einbezogen werden.

Die Wolken im Hintergrund öffnen sich, und das kristallartig schimmernde Licht der Sonne erscheint: Dunkelheit, Unwissenheit und Zweifel weichen dem Licht und der Klarheit.

ALLGEMEIN

Geburt des Intellekts – Wissensdrang – erkennende Kraft, die zu Klarheit, Eindeutigkeit und Entschiedenheit führt – gute Chancen, mit Hilfe des Verstandes die Probleme zu lösen.

BEZIEHUNG

Große Chance, tiefliegende Probleme zu durchschauen, in Worte zu fassen und Klarheit zu schaffen – schmerzhafte Erfahrung der Desillusionierung.

BERUF

Mit Hilfe des klaren, analytischen Verstandes sich aus Verstrickungen befreien – eindeutige Entscheidungen treffen und verzwickte Probleme lösen.

Zwei Schwerter
Frieden

SYMBOLE

Zwei Schwerter, die sich in einer blauweißen Rose kreuzen: differenzierendes Denken, das die Welt in ihren Gegensätzen begreift – Balance innerer Gegensätze – Ruhe vor dem Sturm – Liebe und Erkenntnis.

Sich nach allen Seiten ausbreitende Strahlen, die ein geometrisches Muster bilden: Energie fließt in feste Form – Harmonie zwischen Bewegung und Ruhe.

Zwei kleine Schwerter mit Mond und Tierkreiszeichen der Waage: Zeichen des Ausgleichs.

Grüner und gelber Hintergrund verbinden sich: Kräfte der Neugestaltung und ein ruhevoller Geist vereinen sich.

ALLGEMEIN

Bereinigung scheinbar auswegloser Differenzen – ausgewogene Lösungen finden – Gerechtigkeit – Entscheidung.

BEZIEHUNG

Von innen heraus entsteht Frieden und durchströmt das Verhältnis zum anderen – mit innerer Kraft und Intuition strittige Fragen klären und Spannungen lösen.

BERUF

Beilegung eines Konflikts – kluge, ausgewogene Strategien und umsichtige Planung im Arbeitsbereich.

Drei Schwerter
Kummer

SYMBOLE

Das große Schwert der Klarheit wird durch zwei Krummschwerter festgehalten: gestörte Harmonie – Bedrängnis – Schwermut – Schmerz.

Die Rose wird zerstört, die Blätter fallen: Verlust der Vollkommenheit.

Düsterer, energiegeladener Hintergrund: Angst – Sorgen – Kümmernis.

ALLGEMEIN

Desillusionierender Entwicklungsprozess – schmerzhaftes Erkennen eigener Schwächen und Fehler – Dumpfheit – Depression.

BEZIEHUNG

Enttäuschung – auch Kränkung durch eine außenstehende Person, die die Beziehung gefährdet – Liebeskummer – Ende einer Verbindung.

BERUF

Schmerzvolle, bedrückende Erfahrung durch Misserfolg (Kündigung, gescheiterte Verhandlung oder Prüfung usw.) – messerscharfes, jedoch allzu berechnendes Verstandesdenken – mangelnde Berücksichtigung der Gefühle.

Vier Schwerter
Waffenruhe

SYMBOLE

Vier blaue Schwerter in einem gelbgrünen Kreuz: unausweichliches Leid, das aber durch Akzeptieren des Schmerzes und Verständnis für die Notwendigkeit des Leidens überwunden wird – geschützter Raum des Waffenstillstandes, in dem sich die Kräfte der Selbsterkenntnis regenerieren können.

Die Rosenblüte in der Mitte des Kreuzes: kummervolle Erkenntnis; **aber auch:** Erlösung und Heilung.

Die Schwertspitzen treffen sich im Zentrum der Rose: Die heilende Kraft wird gebündelt – innere Sammlung, Pause – sich zurückziehen.

ALLGEMEIN

Leidvolle Erkenntnis mit anschließender Erholung – Lernen durch Leiden – geistige Reinigung durch eine Zwangspause – Waffenruhe, jedoch kein Frieden, der erst durch bewusstes Annehmen und Klären unterdrückter Impulse entstehen kann.

BEZIEHUNG

Waffenruhe in der Beziehung – an der Oberfläche ist alles ruhig, aber darunter tickt eine Zeitbombe – Rückzug auf sich selbst, um Klarheit und Ordnung in das eigene Gefühls- und Liebesleben zu bringen.

BERUF

Im Moment ruhen die Schwierigkeiten und Auseinandersetzungen der Vergangenheit, sie können jedoch jederzeit wieder aufbrechen – Aussicht auf Frieden nur durch neue Strategien.

Fünf Schwerter
Niederlage

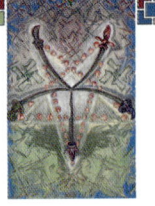

SYMBOLE

Fünf krumme und beschädigte Schwerter, deren Spitzen sich treffen, bilden ein umgekehrtes Fünfeck (Pentagramm): zugespitzter Konflikt – alte, diffuse Angst – zerstörtes Vertrauen in die Wirklichkeit.

Lose Rosenblätter zeichnen das Fünfeck nach: Alte Wunden reißen wieder auf – Liebesleid.

Weißes Licht im Fünfeck: Fähigkeit des Geistes, in einem Lernprozess die Niederlage hinzunehmen und die Angst zu überwinden.

ALLGEMEIN

Zusammenbruch des alten Weltbildes, um neue Erkenntnis zu erlangen – Niederlage durch übertriebene Konfliktvermeidung – Angst vor dem Ungewissen, das jetzt verstärkt auftritt – Schutzbedürfnis – Niedertracht und Gemeinheit.

BEZIEHUNG

Unglückliche Verbindung, meistens auch deren Ende – ängstliche Konfliktvermeidung, die sich in Hass, Verbitterung und Gemeinheit äußert – Flucht nach vorne, »Um-sich-Schlagen« aus Angst, die Kontrolle über die Situation zu verlieren.

BERUF

Skrupellose Geschäftspolitik, in der Verleumdung, Bösartigkeit und Demütigung rücksichtslos eingesetzt werden – Angst, bei Projekten oder Prüfungen zu versagen.

Sechs Schwerter
Wissenschaft

SYMBOLE

Sechs Schwertspitzen treffen sich im Zentrum des Rosenkreuzes (Symbol innerer Vervollkommnung): Streben nach innerer Erkenntnis – unterschiedliche Aspekte treffen harmonisch zusammen und ermöglichen eine ganzheitliche Betrachtungsweise.

Kreis im Quadrat: Die innere Wahrheit wird auch nach außen hin gelebt – Drang nach innerer und äußerer Freiheit – respektvolle Einsicht in die Wege der Natur.

ALLGEMEIN

Schöpferische Intelligenz – Verständnis für andere - sich selbst verständlich machen – Altes hinter sich lassen und Aufbruch zu neuen Ufern.

BEZIEHUNG

Optimale Ausgewogenheit zwischen Gefühl und Verstand – Möglichkeit gedanklichen Austauschs, um sich besser verstehen und kennenzulernen.

BERUF

Vermittlungs- und Kommunikationsfähigkeiten helfen Konflikte abzubauen – eine ganzheitliche Betrachtungsweise ermöglicht neue Einsichten – Probleme im Mitarbeiterkreis oder bei Projekten unkonventionell lösen.

Sieben Schwerter
Vergeblichkeit

SYMBOLE

Nach oben gerichtetes, großes Schwert, das von sechs kleineren Schwertern bedroht und verletzt wird: Der klare Verstand und das intellektuelle Vermögen werden angegriffen und beeinträchtigt – an den eigenen Gefühlen scheiternder Verstand.

Symbole der Planeten Neptun, Venus, Mars, Jupiter, Merkur und Saturn an den Griffen der sechs kleineren Schwerter: Illusion, Intrigen, Gewalt, Hochmut, List und Kälte.

ALLGEMEIN

Sich etwas vormachen – Scheinlösungen bevorzugen, anstatt echte, aber schwierige Entscheidungen zu treffen – Selbstmitleid – dumpfes Bangen.

BEZIEHUNG

Zermürbendes Lauern auf Bestätigung – destruktive Kraft bedroht die Verbindung – kleine Gemeinheiten und Schwindel – sich um eine Stellungnahme drücken.

BERUF

Gefahr, in unsaubere, unehrliche Geschäfte verwickelt zu werden bzw. sie selbst zu tätigen – Tricks und Täuschungsmanöver – Intrigen im Kollegenkreis.

Acht Schwerter
Einmischung

SYMBOLE

Zwei parallel nach unten gerichtete Schwerter, die von sechs unterschiedlich geformten Schwertern gekreuzt werden: Beeinträchtigung des klaren Denkens – Ruhelosigkeit und Zweifel beeinträchtigen die Wahrnehmung – immer wieder kleine Störungen auf dem Weg zu den Zielen, die man sich gesetzt hat.

ALLGEMEIN

Sich immer wieder von einem Vorhaben ablenken lassen – mangelnde Ausdauer – Einschränkungen und Verbote, die Gefühle und kreative Impulse hemmen.

BEZIEHUNG

»Kopflastigkeit« einer Partnerschaft – Entscheidungen werden durch ständiges »Ja, aber ...« blockiert – hartnäckige innere Zweifel belasten die Beziehung – nur Ruhe, innere Klarheit und Herzenswärme können die Lage zum Positiven wandeln.

BERUF

Sich selbst im Weg stehen – Knüppel zwischen die Beine geworfen bekommen – störende Einmischung von Kollegen oder nicht vorhersehbare Pannen beeinträchtigen Vorhaben und Geschäfte.

Neun Schwerter
Grausamkeit

SYMBOLE

Neun nach unten gerichtete, beschädigte Schwerter, von deren Spitzen Blut und Gift tropfen: Schmerz und Gefahr durch Angst und Schuldgefühle oder äußere Bedrohung.

Tränen im Hintergrund: leidvolle Erfahrung – tränenreiche Zeit.

ALLGEMEIN

Quälende Selbstvorwürfe – sich selbst strafen (Wiedergutmachung, Sühneopfer) – mit Hilfe des Verstandes vorübergehend verdrängte Angst steigt wieder auf – aggressives Verhalten gegenüber anderen – Sorgen und Bedrückung.

BEZIEHUNG

Angst vor Trennung und Einsamkeit – Trostlosigkeit und Verzweiflung – unbewusste Tendenz, sich und anderen durch Sticheleien wehzutun – Selbstzweifel und Hass.

BERUF

Quälende Existenzangst – Überforderung durch schwierige Aufgabenstellung oder bedrückendes Arbeitsklima – Prüfungsangst und Lampenfieber.

Zehn Schwerter
Untergang

SYMBOLE

Neun Schwerter zerstören das zehnte Schwert im Zentrum: Die vernichtende Kraft negativer Gedanken führt zum Untergang.

Herz und Sonne als Schwertgriff: Lebensfreude und Liebe werden vernichtet — Harmonie und Gleichgewicht sind zerrüttet.

ALLGEMEIN

Willkürliches, gewaltsames Ende, meist durch den Verstand herbeigeführt — einen Schlussstrich ziehen, um unliebsame Situationen zu beenden; damit werden aber auch bereichernde Erfahrungen aufgegeben.

BEZIEHUNG

Schmerzhaftes Ende einer Beziehung — die Illusion echter Partnerschaft aufgeben — mit dem Verstand Gefühle unterdrücken oder abtöten — Schluss machen als Notbremse, doch sollten die Konsequenzen dabei bedacht werden — Möglichkeit zur völligen Neuorientierung.

BERUF

Willkürliches Ende eines Vorhabens oder Arbeitsverhältnisses — Kündigung, die schmerzhaft, aber auch befreiend wirkt.

Prinzessin der Schwerter

SYMBOLE

Eine junge Frau in kriegerischer Haltung, die das Schwert nach unten führt: spontane Reaktion – Idee, die in die Tat umgesetzt wird – rücksichtslose und überstürzte, aber auch kindlich-naive Durchsetzungskraft – geistige Freiheit und Klarheit werden entschlossen verteidigt.

Der Altar, den sie berührt, steht auf dunklen Rauchwolken: Verteidigung der Geistigkeit, Besinnung und innere Reife.

Sturmbewegte Wolken im Hintergrund: von Zorn erfüllte Atmosphäre, rebellischer, ungestümer Geist.

ALLGEMEIN

Energische, neugierige junge Frau, die sowohl die Schärfe ihres Verstandes als auch die ihrer Zunge einsetzt – Logik – Streitlust – Chance, Konflikte zu klären und plötzlich Klarheit zu gewinnen.

BEZIEHUNG

Ein schwelender Konflikt spitzt sich krisenhaft zu – eine klärende Auseinandersetzung wird ermöglicht; **aber auch:** alter, wieder aufbrechender Streit, der zu nichts führt.

BERUF

Konkurrenz und Rivalität können zur Beendigung der Tätigkeit führen, aber auch zur Klärung der Arbeitssituation (»klare Luft nach einem Gewitter«).

Prinz der Schwerter

SYMBOLE

Eine streitbare grüne Männergestalt in flirrender Atmosphäre: ungeordnete und ziellose Gedanken.

Streitwagen mit Doppelpyramide, der von geflügelten, grünen Gestalten gezogen wird: konzentrierte Geisteskraft (Pyramide), die jedoch nachhaltig beeinträchtigt wird (sich willkürlich bewegende Gestalten).

Erhobenes Schwert in der rechten und Sichel in der linken Hand des Kriegers: Gedanken, Ideen, Pläne, die erzeugt (Schwert) und gleich wieder vernichtet werden (Sichel).

ALLGEMEIN

Scharfsinniger, gefühlsarmer, zynischer junger Mann – kühle Distanziertheit – Überwinden von Hindernissen und Suche nach Erkenntnissen – den anderen mit überlegener, oft unsachlicher Wortgewandtheit »niedermachen« – Streit – Schlauheit – Mut.

BEZIEHUNG

Der Drang nach persönlicher Freiheit und Unabhängigkeit lässt neue Spielregeln entstehen, in denen aber meist das Gefühl zu kurz kommt – eine frische Brise kann neuen Schwung in die »verstaubte« Beziehung bringen, kann aber auch zur Trennung führen.

BERUF

Frostiges Arbeitsklima – eine kritische Haltung gegenüber früheren Schwärmereien und Illusionen einnehmen – Scheitern von Vorhaben – Geschäftsregeln übergehen.

Königin der Schwerter

SYMBOLE

Eine streng blickende, kühle Frau, die auf einem Wolkenberg sitzt: Die Umwölkung des Geistes ist überwunden — Klarheit und Weitsichtigkeit stellen sich ein.

Schwert und bärtige Männermaske: Befreiung von Bevormundung und irreführendem Rollenspiel.

Kristallstern mit Kinderkopf: klarer Verstand, Natürlichkeit und kindliche Unschuld als Zeichen echter, innerer Weisheit.

ALLGEMEIN

Kultivierte, intellektuelle, wortgewandte, reife Frau — verstandesbetontes Verhalten, Gefühle treten in den Hintergrund — sich kraft des eigenen Verstandes aus Gebundenheit und Abhängigkeit lösen — Klugheit — Wachsamkeit — schnelle Auffassungsgabe — Ideenreichtum; **aber auch:** herrisches, abweisendes Verhalten - dummes Geschwätz und Intrigen.

BEZIEHUNG

Meist Vernunfts- oder Zweckgemeinschaft — sich von Bevormundung und Abhängigkeit befreien — alleinstehende, selbständige Frau; **aber auch:** den anderen mundtot machen, die kühle Schulter zeigen, spröde oder bissig sein.

BERUF

Hohe Lernbereitschaft und schnelle Auffassung — sich leicht von einer Aufgabe bzw. Position lösen können, um sich Besserem zuzuwenden — nach gedanklicher und wirtschaftlicher Unabhängigkeit streben — Frauen in so genannten Männerberufen.

Ritter der Schwerter

SYMBOLE

Ein im Sturmwind vorwärts eilender Ritter in goldgrüner Rüstung, der mit seinem Pferd verschmolzen scheint: Die Verbindung von Verstand und Instinkt führt zu zielgerichteter Aktivität — Dynamik — flexibles Denken.

Langes Schwert und kürzerer Dolch: Schärfe des Verstandes.

Vier Propellerflügel, die in die vier Himmelsrichtungen weisen: Klarheit auf allen Bewusstseinsebenen.

Drei Schwalben, die hoch in der Luft fliegen: gedanklicher Höhenflug, bei dem die Seele »mitfliegt«.

ALLGEMEIN

Scharfsinniger, sachlich objektiver, kluger Mann mit analytischem Verstand — Ideenreichtum und geistreiche Auseinandersetzung — Erkenntnis und Weisheit — Meister der Worte — aber auch List, Gefühlskälte, Kopflastigkeit, anderen das Wort im Mund umdrehen.

BEZIEHUNG

Sich von alten Abhängigkeiten und Verstrickungen mit Hilfe des Verstandes distanzieren und lösen — äußerer Glanz, Abwechslung und Aufregung wirken anziehender als tiefe Gefühle.

BERUF

Mit Klugheit, Kontaktfreude, scharfer Beobachtungsgabe und analytischem Denkvermögen auf Menschen und Aufgaben zugehen — Redegewandtheit und geistreicher Charme werden geschätzt — Warnung vor List und Skrupellosigkeit.

Ass der Scheiben

SYMBOLE

Eine goldene Scheibe im Zentrum, auf der die altgriechische Inschrift TO MEGA THERION angebracht ist und in deren Mitte 3 Ringe zu sehen sind mit den Zahlen 666 und darüber die 1. Die Zeichen sind von einem Heptagon und von 2 Pentagrammen umschlossen: Symbole für das gesamte Entfaltungspotential des Erdelements in seiner ganzen Sinnlichkeit.

Gold ist Ausdruck des höchsterreichbaren Gutes.

Frühlingsgrüne Flügelpaare in vertikaler und horizontaler Ausrichtung: harmonische Verbindung von äußeren und inneren Werten – Fülle auf allen Ebenen.

ALLGEMEIN

Inneren und äußeren Reichtum erlangen – Wohlstand – Gesundheit und Lebenskraft – tiefe Zufriedenheit – wachsendes Selbstwertgefühl – Chance, zu einer umfassenden Erkenntnis und Problemlösung zu kommen.

BEZIEHUNG

Möglichkeit, einer bestehenden Verbindung innerlich und äußerlich einen soliden Rahmen zu geben – dauerhafte Beziehung wertschätzen – ausgeprägte Sinnlichkeit.

BERUF

Gute Aussichten auf Erfüllung beruflicher Wünsche – gute Bezahlung – persönliche Anerkennung – innere Zufriedenheit durch eine sinnvolle Tätigkeit – aber sich auch von der Macht des Geldes angezogen fühlen.

Zwei Scheiben
Wechsel

SYMBOLE

Zwei Scheiben, die das taoistische Symbol von Yin und Yang tragen und sich in entgegengesetzter Richtung drehen: Männliches und weibliches Prinzip gleichen sich harmonisch gegeneinander aus – innere und äußere Veränderung.

Schlange, die sich in Form einer 8 windet (Unendlichkeitszeichen): unaufhörliche Erneuerung, ewiger Wandel.

Vier Dreiecke in den Zeichen von Yin und Yang mit den Symbolen und Farben der vier Elemente: Wandel in allen Bereichen.

ALLGEMEIN

Durch Veränderungen aus dem Dornröschenschlaf erwachen – eine Wende vollzieht sich – Wandel findet statt – Abwechslung – Verständnis dafür, dass jedes Ding zwei Seiten hat – Flexibilität.

BEZIEHUNG

Wechsel oder Abwechslung in der Beziehung – neuer Schwung und eine frische Brise nicht alltäglicher Erlebnisse wirken belebend (Reisen, gemeinsame Unternehmungen).

BERUF

Veränderungen ergeben sich wie von selbst, können aber nur freudig erlebt werden, wenn Zweifel, Sicherheitsdenken und Wankelmut durch eine gute Portion Unbekümmertheit ersetzt werden.

Drei Scheiben
Arbeit

SYMBOLE

Eine kristallene, lichtvolle Pyramide, die in der Luft zu schweben scheint: Klarheit – Überwindung von Zweifeln. **Drei Räder, auf denen die Pyramide ruht:** Der ganze Mensch (mit Körper, Geist und Seele) ist gefordert, sichtbare Ergebnisse zu erschaffen.

Sich lichtender Himmel: Sichtbare Formen der Wirklichkeit entstehen.

ALLGEMEIN

Allmähliches Wachstum – Fortschritt – solide Arbeit führt zum Erfolg, sei es auf körperlicher, geistiger oder seelischer Ebene – Verwirklichung von Ideen, Wünschen und Absichten.

BEZIEHUNG

Auf und Ausbau neuer Beziehungsstrukturen – in den alltäglichen Dingen für Klarheit sorgen – Mühen – Ende von Schwierigkeiten.

BERUF

Fähigkeit, im richtigen Augenblick das Richtige zu tun – in der Arbeit ein schönes Stück weiterkommen – gute Bedingungen für einen Neuanfang.

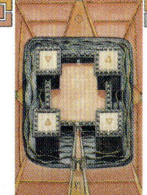

Vier Scheiben
Macht

SYMBOLE

Vier quadratische Scheiben bilden die Ecktürme einer Festung: Stabilität, irdische Wirklichkeit, Gesetz und Ordnung im menschlichen Lebensraum.

Symbole der vier Elemente in den Türmen: Zeichen lebendiger Macht und Stärke in allen Bereichen.

ALLGEMEIN

Sichtbare Abgrenzung und feste innere Normen — Klarheit — Charakterfestigkeit — Zuverlässigkeit — den eigenen Idealen gemäß leben — aber auch Zwanghaftigkeit — Verbohrtheit — bürokratische Prinzipienreiterei — kühle Höflichkeit.

BEZIEHUNG

Persönliche Stabilität festigt die Beziehung oder klärt verworrene Verhältnisse und Ansichten — Machtstrukturen innerhalb der Partnerschaft prüfen (Stärke und Schwäche, Besitz und Finanzen).

BERUF

Verwirklichung von Plänen — konsequentes Arbeiten — Absichern des Erreichten; **aber auch:** über materiellen Belangen die Gefühle, Wärme, Lebendigkeit und Freundschaft vergessen.

Fünf Scheiben
Quälerei

SYMBOLE

Fünf Scheiben sind durch ein umgedrehtes Fünfeck (Pentagramm) miteinander verbunden: festgefahrene Situation – Vernichtung der natürlichen Ordnung und Stabilität.

Verschiedene Symbole in den Scheiben (Zeichen einer tiefgreifenden Entwicklungskrise): Die seelischen und gedanklichen Kräfte sind blockiert – die Seele verzagt in Hoffnungslosigkeit; aber auch: Mahnung, nicht zu resignieren.

ALLGEMEIN

Depressive Gefühle – Empfindung von Sinnlosigkeit und Trostlosigkeit – Angst und Sorgen – Beklemmung – Pessimismus.

BEZIEHUNG

Über die eigenen zwischenmenschlichen Beziehungen unglücklich sein – fruchtlose Kommunikation und unsinnige (Selbst-)Quälerei; aber auch: Einsichten und Veränderungen aufgrund des untragbaren Charakters der Situation.

BERUF

Pessimistische, ängstliche Einstellung zu den eigenen Aufgaben – alles verläuft zähflüssig, geht schief oder stellt sich als problematisch heraus.

Sechs Scheiben
Erfolg

SYMBOLE

Sechs Scheiben mit den Symbolen von Mond, Merkur, Mars, Saturn, Jupiter und Venus bilden ein Sechseck: Innere Tiefe, Kommunikation, Tatkraft, sorgfältige Planung, Flexibilität und Gefühl wirken ausgewogen zusammen und führen zum Erfolg — Harmonie zwischen Körper und Seele.

Rosenkreuz in der Sonne: verklärter Geist — Meditation.

ALLGEMEIN

Toleranz — Großzügigkeit — Erfolg — mit optimistischer Lebenseinstellung nach materieller Sicherheit streben — die Gegensätze im Gleichgewicht halten, da sonst das harmonische Gefüge ins Wanken gerät und Entwicklungen gehemmt werden.

BEZIEHUNG

Harmonische Zeiten, die dem inneren Grundgefühl entsprechen — einander fördern, Mut machen — gemeinsame Unternehmungen versprechen Erfolg.

BERUF

Günstige Gelegenheit für einen Neuanfang — eigene Vorhaben werden hilfreich unterstützt und können verwirklicht werden — Aufforderung, selbst auch großzügig zu sein.

Sieben Scheiben
Fehlschlag

SYMBOLE

Sieben bleierne Todesscheiben hängen an Pflanzenskeletten. Ihre Anordnung stellt ein Unglückszeichen dar: Unheil ohne Ende – Zerfall der natürlichen Ordnung der Dinge – böse Ahnungen – Angst.

Blauvioletter Hintergrund: Vergiftung der Atmosphäre durch materielles Streben, das der spirituellen Grundlage entbehrt.

ALLGEMEIN

Sich mit bedrohlichen Lebensfragen befassen (Vergänglichkeit, Zerstörung, Krankheit, Furcht) – die Macht der negativen Gedanken kann tatsächlich zu den befürchteten Ereignissen führen.

BEZIEHUNG

Mit bleierner Ohnmacht schwinden Hoffnung und Zuneigung – Aufforderung, schmerzhafte Konsequenzen zu ziehen, um eine positive Weiterentwicklung zu fördern.

BERUF

Alle Vorhaben sollten nochmals genau geprüft werden – Fehlschläge drohen – die Wirkung des eigenen Handelns auf die Umwelt muss bedacht werden.

Acht Scheiben
Umsicht

SYMBOLE

Acht Scheiben mit Blütenblättern wachsen in harmonischer Ordnung an einem großen Baum: Auf allen Ebenen werden verborgene Fähigkeiten und Möglichkeiten sichtbar — weise Ordnung.

Ein großes Blatt umgibt jede Blüte: liebevolle Sorgfalt.

ALLGEMEIN

Harmonie — Entfaltung — Sorgfalt — Selbstdisziplin — Selbstkritik — die höhere Gesetzmäßigkeit hinter allem Tun erkennen.

BEZIEHUNG

Sich dem anderen nach schmerzlichen Erfahrungen wieder umsichtig und langsam öffnen — zarte, liebevolle Zuwendung – Rücksicht und Aufmerksamkeiten im Alltag (kleine Geschenke, ein nettes Wort usw.).

BERUF

Feinsinnige, geschickte Vorgehensweise, um ein Ziel zu erreichen — die wohlüberlegten und umsichtig geplanten Geschäfte blühen.

Neun Scheiben
Gewinn

SYMBOLE

Die obere Dreiergruppe mit Saturn, Mars und Jupiter bildet ein auf der Basis ruhendes Dreieck: Feuerelement – ideelles Streben.

Die untere Gruppe mit Mond, Merkur und Venus erscheint als ein auf der Spitze stehendes Dreieck: Wasserelement – tiefe seelische Erfahrung und Vertrauen auf den eigenen Instinkt.

In der mittleren Gruppe schließen sich die Scheiben durch Überschneidung zusammen: gegenseitige Durchdringung von Liebe (rot, Feuer), Weisheit (blau, Luft) und Kreativität (grün, Wasser).

Hintergrund in den wirbelnden Farben der Erde: Verwirklichung eigener Ideale – Gewinn und Erfolg.

ALLGEMEIN

Überraschende Entdeckung eigener Fähigkeiten (»Wer hätte das für möglich gehalten?«), und Gewinn daraus ziehen – Klugheit und Schlauheit – finanzieller Erfolg.

BEZIEHUNG

»Eine gute Partie machen« – Möglichkeit tiefer Freundschaft zu anderen Personen, was für alle Beteiligten äußerst fruchtbar und gewinnbringend sein kann.

BERUF

Hinweis auf ein erfolgreiches Geschäft mit gutem Gewinn, auf den unerwarteten Erfolg einer Bewerbung oder auf das gute Gelingen einer Prüfung – Wachstum und Mehrung des Wohlstands.

Zehn Scheiben
Reichtum

SYMBOLE

Zehn gelbgrüne Münzen mit magischen Zeichen sind in Form des kabbalistischen Lebensbaums angeordnet: Wahrer Reichtum beglückt alle Lebensbereiche und muss geteilt werden – der innere Schatz wird nach außen sichtbar.

Violettschwarze Scheiben im Hintergrund: Selbst der größte Schatz verliert an Glanz und Wert, wenn er nicht in den Dienst der Liebe gestellt wird.

ALLGEMEIN

Auf gutem Fundament gebaut haben – familiäre und finanzielle Sicherheit – Wohlstand – Großzügigkeit; **aber auch:** der goldene Käfig – sich durch Neid und Missgunst in die Enge getrieben fühlen, was durch geiziges Festhalten an Werten verursacht wird.

BEZIEHUNG

Eine schöne Zeit und vertraute Atmosphäre, in der der Alltag ebenso genossen werden kann wie besondere Ereignisse und Unternehmungen – Geborgenheit in der Familie oder im engen Freundeskreis.

BERUF

Gesicherter Arbeitsplatz – guter Lohn für gute Arbeit – eine Fülle von Gedanken und Erkenntnissen erweitert den Horizont und ermöglicht es, eine wichtige Sache auf den Punkt zu bringen.

Prinzessin der Scheiben

SYMBOLE

Eine Frau mit gewölbtem Bauch, in ein goldenes Gewand gehüllt: »Priesterin der Erde« – formgebende, schöpferische Kraft – neue Identität – Schwangerschaft.

Ihr Zepter hat eine Kristallspitze, deren Licht in die Erde dringt: nach Crowley »die Geburt des höchsten und reinsten Lichtes im tiefsten und dunkelsten aller Elemente«.

Widderhörner und Umhang aus Schafsfellen: Hüterin der Keuschheit und Jungfräulichkeit.

Zeichen von Yin und Yang in der Rose: Eine harmonische Verbindung der männlichen und weiblichen Prinzipien bewirkt die ausgeglichene Entfaltung aller Lebensbereiche.

In den Himmel ragende Bäume mit lichtdurchfluteten Wurzeln: Verbindung zwischen Geist und Materie.

ALLGEMEIN

Naturverbundene, erdhafte, sinnliche junge Frau, die ihre verborgene Schöpferkraft zum Ausdruck bringt – Beharrlichkeit – Auslösen einer wichtigen Entwicklung – Schwangerschaft.

BEZIEHUNG

Impuls zu einer neuen, innigen und sinnlichen Verbindung oder zu einer neuen, langfristigen und erfreulichen Entwicklung innerhalb der Beziehung (Schwangerschaft).

BERUF

Plötzliche Chance zur guten beruflichen Weiterentwicklung – hilfreiche Unterstützung in Aussicht – Pläne in die Tat umsetzen -Realitätssinn.

Prinz der Scheiben

SYMBOLE

Ein nackter junger Mann, der einen Stierhelm trägt und auf einem schwarzbraunen Wagen thront, der von einem Stier gezogen wird: »Sohn des Ackerbaus« – unbeirrbarer Wille, das eigene Ziel zu erreichen – Unerschütterlichkeit und Beharrlichkeit.

Globus mit geometrischen Formen: sichtbare Erscheinungswelt.

Zepter in seiner Rechten: höherer Wille.

Blütenteppich im Hintergrund: Blütezeit und Befruchtung.

Früchte im Wagen: Eine reiche Ernte wird erwartet.

ALLGEMEIN

Kräftiger, erdverbundener, ausdauernder junger Mann – Sinnlichkeit – Zuverlässigkeit – Wirklichkeitssinn; **aber auch:** autoritär, materialistisch, dogmatisch und eifersüchtig.

BEZIEHUNG

Irdische Freuden mit dem anderen genießen – Bewusstwerden der eigenen Sinnlichkeit und lernen, sie besser auszudrücken und auszuleben.

BERUF

Mit Beharrlichkeit, Kraft und untrüglichem kaufmännischem Instinkt ein Ziel verfolgen – Sinn für das Gediegene und Beständige – dadurch greifbarer und dauerhafter Erfolg.

Königin der Scheiben

SYMBOLE

Eine Frau sitzt auf einem Thron, der an eine Ananas erinnert. Sie betrachtet den Hintergrund, wo ein ruhiger Fluss sich durch eine Sandwüste windet, um diese fruchtbar zu machen: die »Erdmutter« – wache, frische Lebenskräfte – Wachstum und Gedeihen.

Die Frau hat die Wüste hinter sich gelassen: Überwindung von Einsamkeit, Entbehrung, Gefühlsarmut, Enttäuschung.

Die Hörner auf ihrem Kopf und der Ziegenbock vor ihr: sicherer Instinkt – Lebenskraft – Ausdauer – Zähigkeit.

Zepter mit Kristallspitze: Klarheit – erweiterte Wahrnehmung.

Kugel in der Hand mit sich überschneidenden Kreisen: ewiger Zyklus natürlicher Erneuerung – Fruchtbarkeit.

ALLGEMEIN

Bodenständige, lebenserfahrene, reife Frau, die sich durchzusetzen und abzugrenzen weiß – Kreativität – Geduld – Lebenskraft – Sinnenfreude – Naturverbundenheit – Fruchtbarkeit; aber auch: Gier, Sturheit, Gefühlsarmut.

BEZIEHUNG

Lebensfreude und Sinnlichkeit – gleichwertige Partnerin der Beziehung – durch Prüfung gereifte Liebe – Mitgefühl und Annehmen der Schwächen des anderen – Treue – Familiengründung.

BERUF

Praktische Fähigkeiten – Fleiß – Geduld – Kreativität – Verläßlichkeit – Schritt für Schritt und sicher die berufliche Leiter erklimmen.

Ritter der Scheiben

SYMBOLE

Ein schwer gepanzerter Reiter sitzt auf seinem massigen Pferd, das wie die Pflanzen aus der Erde herauszuwachsen scheint: Naturverbundenheit — Auseinandersetzung mit der Realität – aber auch geistige Entwicklung durch die Einflüsse von Trieben und Instinkten beeinträchtigt.

Dreschflegel in der Hand, reifes Korn: sichtbare Früchte der inneren und äußeren Arbeit ernten.

Schwarzer, von Lichtkreisen umgebener Schild: Schranken und Begrenzungen der Realität im Streben nach wirklicher Freiheit und geistiger Unabhängigkeit.

Zurückgeklappter Hirschhelm: Bedürfnis, über die materiellen Schranken hinauszuwachsen.

ALLGEMEIN

Zuverlässiger, realistischer, gutmütiger, reifer Mann — praktische Fähigkeiten — pragmatischer Verstand — Freundlichkeit — Güte — Berater und Helfer; **aber auch:** sturer Materialist — Unbelehrbarkeit — Unbeweglichkeit.

BEZIEHUNG

Gewachsene Beziehung — Beständigkeit, Treue und warme Nähe — Beseitigung von Hindernissen im Interesse einer dauerhaften, stabilen Verbindung — tiefe Sinnlichkeit.

BERUF

Die Früchte der Arbeit ernten, sie sicher verwahren und sich dann neuen Aufgaben zuwenden — gesunder Geschäftssinn — sichere Hand in finanziellen Dingen — »Gut Ding will Weile haben.«

BIBLIOTHEK DER ORAKEL

Jeder Band besteht aus einer dekorativen Box mit Gold- oder Silberdruck.
Enthalten ist jeweils 1 Buch (farbig) und 1 hochwertiges Non-Book (z. B. Karten oder Pendel).

Große Themen – namhafte Autoren

Pia Schneider / Stella Bernheim
KIPPER
Buch und Original-Kipperkarten
ISBN 978-3-86826-725-9

Pia Schneider / Ruth Kendell
ENGEL
Buch und Engel-Karten
ISBN 978-3-86826-726-6

Rachel Pollack
TAROT
Buch und Waite-Tarotkarten
ISBN 978-3-86826-727-3

Ingrid Kraaz v. Rohr / S. Peymann
PENDEL
Buch und schönes Messingpendel
ISBN 978-3-86826-728-0

Katrin R. Giza / Susanne Schöfer
LENORMAND
Buch und Lenormand-Karten
ISBN 978-3-86826-729-7

Edred Thorsson
RUNEN
Buch und 24 Buchenholz-Runen
ISBN 978-3-86826-730-3

Sabine Lechleuthner
TRAUM-DEUTUNG
Buch und Traum-Tagebuch
ISBN 978-3-86826-731-0

Christine Bengel / Patrick Stahel
NUMEROLOGIE
Buch und Numerologie-Karten
ISBN 978-3-86826-732-7

Klaus und Marlies Holitzka
I GING
Buch und wunderschöne I Ging-Karten
ISBN 978-3-86826-733-4

S.A. Tutschkow
RUSSISCHES ZIGEUNER-ORAKEL
Buch und Zigeuner-Orakel-Karten
ISBN 978-3-86826-734-1

10 Bände als Paket (mit Preisvorteil)
ISBN 978-3-86826-748-8